Master
Public
Speaking

掌控演说

成杰 著

中国友谊出版公司

图书在版编目（CIP）数据

掌控演说 / 成杰著．—北京：中国友谊出版公司，
2020.12
ISBN 978-7-5057-5014-2

Ⅰ．①掌… Ⅱ．①成… Ⅲ．①演讲—语言艺术 Ⅳ．
①H019

中国版本图书馆CIP数据核字（2020）第201584号

书名 掌控演说
作者 成　杰
出版 中国友谊出版公司
发行 中国友谊出版公司
经销 新华书店
印刷 三河市冀华印务有限公司
规格 880×1230毫米　32开
9.75印张　167千字
版次 2020年12月第1版
印次 2020年12月第1次印刷
书号 ISBN 978-7-5057-5014-2
定价 42.80元
地址 北京市朝阳区西坝河南里17号楼
邮编 100028
电话 （010）64678009

目 录

第一章　一大相信：相信自己，才能说服别人

稻盛和夫先生说："心不唤物，物不至。"

我也一直认为，相信，是一切成就的开始。

通往演说高手之路并不容易，但请你带着信念享受这个过程，专注于当下。

没有人天生就是演说高手，但要相信，只要你会说话，就有可能成为演说家。

第二章 两大关键：开口＋动手的刻意练习

那些“天赋异禀”的人，其实也跟我们一样是普通人，只是他们懂得日复一日地进行自我训练。

每个领域最杰出的人，往往是练习最投入的那个，演说行业也不例外。

不断练习，才能克服对“上台”的恐惧，练出随机应变的演说口才。

第三章 三大要素：文字、声音、肢体动作

任何演说家，都不只是“会说话”而已。一场精彩的演说背后，一定是周全、严密、极致的准备。

要有细腻动人的演说稿，这需要你修炼文字能力；要有铿锵豪迈的语调，这需要你进行声音练习；要有恰到好处的肢体语言，这需要你不断修正自己台上的姿势。

还要精心地布置场地，这需要你提高审美能力，并读懂听众的心理需求。

第四章　四重境界：入耳、入脑、入心、入神

演说不只是语言的表达、知识的传递，更是思想的表达、观念的交互；演说的目的不是“自我表现”，而是用自己的理念去影响听众。

因此，演说家要关注的不只是技术的进步，更是境界的提高。

而最高明的演说家，不仅能提升自我境界，还能如同春风化雨一般，在不知不觉中提升听众的境界。

第五章 五大复制：模仿优秀的演说家，实现自我超越

我见过很多优秀的演说家，他们看似不加雕饰的演说背后，其实都是精心的设计。

如何设计你的演说呢？你不妨从这些演说家的身上去学习，把经验“复制”下来，经过实践，变成你自己的实力。

站在巨人的肩上，才能看到更广袤的世界。

第六章 能力变现：用直播演说连接世界

在“人人都是主播”的当下，如何让自己的直播更有价值呢？

直播，其实就是以网络为载体的演说。在这一章，我将手把手地为你分享一套直播的“万能打法”。

你不妨将这些技巧用起来，在直播中去尝试，去实践，去提高。假以时日，你也能成为一名受欢迎的主播。

序

下一个风口，在你自己身上

每一年，每个月，甚至每一周，我都会听到别人问我：“成杰老师，下一个风口在哪里？”

问我这个问题的，往往并不是我的企业家朋友们，而是年轻人。他们对未来满怀憧憬，期待有人帮助他们指明方向，或许也期待着能发现可以通往成功的捷径。

有两种说法影响过很多年轻人。

第一个说法是：如果有机会坐上火箭，就不要在意坐哪个位置。

这句话是Facebook首席运营官谢丽尔·桑德伯格在斯坦福大学演讲时所讲的。她的履历相当漂亮，尤其是当她从谷歌到了Facebook，更是被誉为“跳上了火箭”。在《财富》杂志评选的50名“最有力量”的商业女精英中，桑德伯格排名第五。

第二个说法是：站在风口上，猪都可以飞起来。

这句话是雷军说的，谁都不可否认的是，小米的异军突起和迅速壮大，确实是曾站在了风口上。

平台很重要，行业很重要。所以，很多优秀的年轻人都在找机会，找风口，找前途。

我太能理解年轻人的焦虑了，因为我也年轻过。问出这个问题的年轻人本身是上进和积极的。

只是，我要提出我的三个观点：

第一，火箭也分位置。

大家请注意，我这里用的词是位置，而不是地位。

每一家公司和企业里，不同的人有不同的位置。我们选一家企业，要找到这家企业的主力位置。比如一家初创期的销售型公司，主力岗位就是业务端岗位。对于不同的位置，能掌握的机会和能够发挥的能量当然不同，正如我们看国内外人物传记，领兵打仗的将军很多，但很少有哪位将军刚入军营的时候是在炊事班的。

第二，飞起来很重要，但平稳落地更重要。

雷军说的“站在风口上，猪都可以飞起来”成为很多人引用的创业金句，但是在这句话的后面其实还有更重要的一句——“长出一个小翅膀，就能飞得更高”，这句话却被很多人忽视了。小米站在风口上，但是面对手机行业激烈竞争的局面时，小米靠的是长出属于自己的“小翅膀”，靠着小翅膀，才能继续平稳地往前飞，最后平稳地落在目的地。

第三，行业趋势变幻莫测，而最大的机会和风口，就在你自己身上。

所谓风口，往往是很难预测的。比如在投资界，再高明的天使投资人，都没办法100%去判断某个行业的前景。尤其是新型技术的行业，往往会忽然火起来，又渐渐冷下去。大部分的新行业，可能都“死在了半路上”。

对于个人来讲，追求风口当然并没有错，但是，我不建议你把风口这个概念看得太重，不要觉得追上了风口就万事大吉了，因为它的不确定性太大了。

我们在向前努力奔跑的时候，首先要从自我出发。换句话说，真正的风口，其实就在你自己身上！

年轻人找风口，但不要做风口上的猪。年轻人找火箭，但也要有实力找好自己的位置。一个人外在的成就是他内在成长和成熟的显现。所以，每个人学会自我成长是非常重要的。

一个人想让自己的家庭、事业、生命品质变得更好，最重要的核心就是要让自己变得更好。所以要舍得投资自己，而投资自己最好的方法就是学习。

学习是转运最好的途径。

2003年，我开始做教育培训，到现在已经有18个年头。我通过演说向大家传达自己的理念，分享自己的故事。很多人听了我的故事和理念，深受感动；很多企业邀请我帮忙制定和宣传其企业文化。

有一句话彻底地影响和改变着我的人生成长轨迹——要想改变结果，先要改变思想。我们所有外在的改变，归根结底都来自思想的改变。人和人最大的本质区别，一定是脖子以上而不是脖子以下的部分。

也就是说，人和人最本质的区别是思考模式的不同。改变了思想，才能让自己变得更好，让自己的自我价值得到提升，拥有核心能力，从而让结果变得更好。

怎么让自己变得更好呢？

答案之一是，学习公众演说！

演说并不是演讲大师的专利，而是和每个人的生活息息相关的。不管你在哪个行业，处于什么位置，都有必要修炼这一项“硬实力”。比如从事销售行业的人，就离不开演说能力。学会演说，你就能够在短时间内把产品和理念卖给更多的人。尤其在现在，很多人通过直播进行销售，其实本质上也是演说。

没有哪一个技能，像演说一样需要你内外兼修，并能在自我完善的路上收到事半功倍的回报。当别人还是一个人苦干的时候，如果你拥有卓越的演说能力，就可能会通过自己的表达得到上百人、上千人的支持。

例如，火爆的《奇葩大会》，其节目形式跟演说息息相关，参选者需要在短短的3～5分钟内进行演讲，力求打动导师和观众，然后让导师们来决定其是否通关。

又如，作为一家新公司的创始人，你可能需要极佳的演说能力，以让你的投资人相信你的计划书是完美的。

作为公司的普通员工，你也需要练习演说能力，让领导、同事们相信你的方案，让客户认可你的产品。

更不用说企业家了。大家熟识的马云，他的口才是公认的好，演说能力在当今社会也是凤毛麟角的。

再说回“风口”这个话题。如果你有幸处于时代发展的前沿，你可能会发现，任何行业处在风口的时候，都离不开公众演说的能力。

比如风头正劲的直播行业。所有人都知道直播的盛行是未来趋势，随着技术的升级，直播会深入人们的生活。直播水平和演说能力联系非常紧密，它需要你当着成百上千，甚至上万的人表达自己的观点，进行即时互动。直播，其实就好比是以网络为载体的演说。主播可以通过一部手机，通过互联网的交互方式与用户产生联系，然后借此表达自己的观点，或者销售产品，也就是我们所说的“带货”。

不过当你想要开直播时，可能会突然发现，自己还没有演说的能力，不知道如何表达、怎样组织语言、如何销售自己的产品，也不懂如何调动听众的积极性，更不会与大家互动。那么，怎么办呢？

你要知道，好的演说能力是练出来的。

《中庸》中有云：“博学之，审问之，慎思之，明辨之，笃行之。”这说的是学习一种知识和技能的几个层次步骤，它落脚在“行”上。也就是说，不管你学到的知识和经验多么有用，都必须去实践，去练习。只有去实践，知识才能变得有价值。

我在演说领域实践了多年，演说超过5200场，现场听众曾经高达5000人。除此之外，我还给很多演说者进行过培训，也接触过许多优秀的、擅长演说的企业家。在我看来，所有演说高手，都是靠不断学习、思考、练习才成就的。

本书是我18年来演说技巧的总结，从认知演说、日常训练、实战练习、境界提升，甚至到演说中的细节布置，我都将在书中毫无保留地分享给大家。可以说，这本书是我独立完成的，但又不是我一个人完成的；这本书的背后，是我和众多企业家们在一起学习、探索而产生的经验与智慧。

在这本书中，我搭建了一套演说能力训练模型，我将陪所有的读者一起，走好关键的五步，通过不断训练，成为演说高手。

也希望你能在学习演说的过程中，提高内在实力，提升自我价值；在任何行业，都能立足；在遇到风口时，长出属于自己的翅膀。

01

第一章

一大相信：相信自己，才能说服别人

稻盛和夫先生说："心不唤物，物不至。"

我也一直认为，相信，是一切成就的开始。

通往演说高手之路并不容易，但请你带着信念享受这个过程，专注于当下。

没有人天生就是演说高手，但要相信，只要你会说话，就有可能成为演说家。

没有人天生就是演说家

演说并不是一种天赋的才能，没有人是天生的演说高手，任何演说家都是靠学习和练习而获得成就的。

如何学习公众演说呢？所谓演说，不外乎“演”和“说”。

演，就是我人生的经历、体验和故事；说，就是分享、表达、沟通、说服和影响的过程。把我人生的经历、体验和故事，分享给听众的过程，就是演说。

精彩的演说，核心在于讲故事，故事是演说的灵魂。一场好的演说，在于讲好“我”的故事，从而通过我的故事，去帮助、影响和成就更多的听众。而所有的故事高手，都是训练出来的。

每个人生下来都不会讲话，8 ~ 12 月之前会的是吃、喝、睡；然后，大人开始教孩子说话，从一个字、两个字，到一个词、两个词、半个句子。大人们很耐心地引导，孩子慢慢就学会了。

慢慢学会之后，孩子就进入了精彩的语言世界……

我观察了自己的孩子，他的语言能力在幼时发展得很快。有很多词语，大人没教，他自然就学会了。他会自然组合，表达自己的心声。

一个人从不会说话到自由表达，看似有很大的难度，但是我们都自然而然地实现了。所以，从说话到演说，也绝非像很多人想象的那么难。

说话是开发一个人的小宇宙，演说是开发一个人的大宇宙。

比如三五朋友在一起聊天，就是在开发一个人的小宇宙，这时候，他能畅所欲言，侃侃而谈。可是，当他站在舞台上，面对 50 人，100 人，1000 人时，为何会顿失滔滔？那是因为没有人从基础开始来教他。

所以，我愿意用这本书来分享我的所有。

在《论语》中，有这样的一段文字：

冉求曰：“非不说子之道，力不足也。”子曰：“力不足者，中道而废。今女画。”

杨伯峻先生的译文是：

冉求道："不是我不喜欢您的学说，是我力量不够。"孔子道："如果真是力量不够，走到半道会走不动了。现在你却没有开步走。"

任何事都是由简单到全面再到完善的过程。年轻人要学的观念是，很多事，你不会，不代表你不能，而是你还没有去学习，没有去做。种下一棵树最好的时间是10年前，其次是现在。

要成为演说家，先要说服自己，说服自己也是说服的最高境界！一个人唯有彻底地说服自己，才可以说服任何人。

伟大的领导者都是通过说服自己，顺便说服了别人。

马云创办了阿里巴巴这家伟大的企业，他要实现"让天下没有难做的生意"这一梦想，前提一定是先说服了自己。他身边的"十八罗汉"被他感染、影响、说服，然后和他一起拼搏。

我2008年也有了一个伟大的梦想：我要用毕生的时间和精力来捐建101所希望小学。虽然，当我定下这个目标的时候，我什么都没有，也没有人相信我，但我先说服了自己，我觉得我一定能做到。

因为我对自己无比相信，慢慢就开始有人相信我，跟我一起做这件事的人就越来越多了。

当你认定自己未来一定会成为一名演说家的时候，你就会慢慢拥有追随者，也会随之说服你所遇到的每一个人。

这听起来似乎很玄妙，但这是有心理学依据的。

心理学上有个概念，叫“自我暗示效应”。我们每个人在生活中都会产生这样或那样的心理暗示，这些暗示有的是积极的，有的是消极的。如果你长期进行自我否定，这种不良的心理暗示就会使你的情绪受到影响，让你慢慢远离自己的目标；相反，如果你对自己的目标十分坚信，不断对自己进行积极的暗示，那你实现目标的可能性就会提高。

信念的力量很强大，因为它让人把为实现愿望而下定的决心付诸行动。所以，当你迫切地渴望实现某个目标时，它就真的会离你越来越近。

所以，记住一句话：我是我认为的我，每一个人都会朝着自己相信的方向前行。

现在，请你大声朗诵下面的内容：

我要成为一个有内容可说的演说家；

我要成为一个有内涵修养的演说家；

我要成为一个有文化学识的演说家；

我要成为一个有思想境界的演说家；

我要成为一个有精神追求的演说家；

我要成为一个成就听众、正念利他的演说家。

学习演说，是生发智慧的过程。我一开始也不会，通过学习，越讲越好，越讲越爱讲，智慧也就越来越多。

《论语》不是孔子写的，而是孔子的弟子对他的思想、表达、言谈、举止的记录。孔子一生中说了很多充满哲理的话，我想，这也源于他在表达的过程中不断地进行思考。思考和表达，造就了这样一位伟大的智者。

我写过一本书，叫《日精进》，里面很多话并不是我写出来的，而是我演说的时候说出来的，然后助理帮我记录下来的。

我的很多学生也是如此。你让他们去写一篇文章，他们可能无法立即动笔，但是当他们当着很多人演说的时候，常常会文思泉涌、金句频出。

一个人越练习演说，灵感就越多；越深入一个话题，看问题就越深刻。

公众演说是释放智慧的过程。一个演说家要分享自己的思想，就要用“演”和“说”的方式将自己的想法进行输出。一位老师要传授自己的知识，也要靠说的方式释放智慧。中国传统文化中的师徒文化，从这个维度来讲，其实就是把经验、智慧、心得通过表达传递出来。

在知识付费时代，我们任何一个人想学什么知识都不困难，大学没有了围墙，各类通识课程都源源不断地出现在互联网上。但为什么人们还要拖着行李箱，不远千里来听一场演说，愿意为现场的知识埋单呢？因为，演说是生发智慧和传播智慧的过程，现场氛围所带来的冲击力，能直击一个人的灵魂，让他产生积极的改变。

学会演说，你的感染力能够让一个不学习的人拿起书，让一个不思进取的人日日精进，让一个家庭或企业快速成长为学习型组织。

我可以肯定的是，人工智能可以取代很多职业，但是它在很长时间内都无法取代一个人对另一个人、一个人对一群人所进行的引导和激励。机器再聪明，也是没有感知力的，从没有哪个人会被一台机器所启发、感动、征服。

可以说，演说能力将成为未来社会最强大的竞争力之一。演说就是用一个人的力量，影响成百上千的人，创造数万倍的价值。

很多人也意识到演说的重要性，于是积极地参加与此相关的培训。这种培训越来越多，收到的反馈也越来越多样。有的人对于演说这件事情产生了一种偏见，看不起“公开演说”“表达培训”这类的行业。我对此的态度是——别人是否看得起你，或者是否愿意相信你、尊重你，并不取决于对方的认知，而是源于你自己是否值得别人相信与尊重。

别人对你的信任和尊重，不是由别人决定的，而是由你的表现来决定的。

对于演说培训业来说，它其实与其他行业一样，在发展的过程中难免存在诸多弊端，难免会让很多人产生误解。比如行业发展很快，出现了很多“半路出家”的培训界老师，快速投入这个行业，但他们缺乏积累，没有真知，只会让人觉得是在“忽悠人”。

在这样的环境中，如何让自己说的话赢得信任和尊重，获得影响力呢？

我个人有两点经验：

1. 不断实践，拥抱变化

如何拥抱变化呢？就是要真实地面对市场。

我创办了一家企业，叫巨海集团。我每天都会面对员工的诸多诉求，我要想办法让我的员工在公司这个平台通过奋斗实现有房、有车、有未来的目标，进而实现他们的人生价值。

同时，随着行业环境的不断变化，一定会出现新的问题，当新的问题一出现，我就要立刻去面对，去解决。一个演说者，本身就要不断地进行自我迭代，要保持一定的敏感度。

演说的应用场合有很多，其中之一就是向企业员工传达自己的思想。比如，很多大型企业邀请我给员工进行演讲，让我给员工宣讲我的梦想，我的创业经验，我成长奋斗的历程。最后，演说的内容当然要落脚到企业文化上，调动员工的积极性和工作热情。这时，我就能够很快理解员工的痛点，满足企业的需求。因为我们是同路人，在不断实践的过程中，我能体会到企业和员工当下最需要什么，所以我的思想、经历、故事、体验、感悟也就能打动听众。很多人听完之后，深受感动，还会进一步购买我的书和课程。

如果一位演说者只是纸上谈兵，或者总是讲一些陈旧的故事和道理，他怎么可能打动听众呢？所谓“真实的市场”，归根结底就是顺应当下听众的天性，找准他们真正的需求点，而这一定需要演说者不断地在实践中拥抱变化。

2. 提升实力，让自己做得更好

巨海集团发展得很好，但这种成就并不是一朝一夕实现的，而是很多企业家在 8 年前就一直和巨海集团一起学习，慢慢壮大。当这些企业崛起之后，巨海集团也有了影响力。

而你正在阅读的这本书，也是我和众多企业家共同探索的经验总结。

我从不吹嘘自己可能是中国唯一做过近5000场公众演说的人，但我今天想说，感恩每一个听众，这本书是我的，也是你们的！

在这里，我再送大家一段朗诵练习，希望你们对提高演说能力更有信心：

孔子周游列国，声名远播；

刘邦能言善辩，定大汉帝国；

诸葛亮舌战群儒，始有三国分合；

人类的每一次进步，都离不开语言开路！

公众演说纵横千古，于历史的长河中激起千层浪万重水，创造了一个又一个奇迹！

到了今天，在这个竞争激烈的年代，顶尖的公众演说能力依旧是我们制胜的法宝！

主持会议需要演说，商务谈判需要演说；

接受采访需要演说，化解矛盾需要演说；

教化员工需要演说，自我行销需要演说。

我用四句话来总结公众演说：

公众演说是一对多的谈判；

公众演说是一对多的行销；

公众演说是一对多的沟通；

公众演说是一对多的共赢；

掌握演说智慧，胜过拥有百万雄兵！

一言之辩重于九鼎之宝，三寸之舌强于百万雄师。英国前首相丘吉尔说过："一个人可以面对多少人讲话，就代表这个人的人生成就有多大。"古今中外，无论是商界巨头还是政界领袖，几乎都拥有一项卓尔不群的特质——非凡的公众演说魅力。

在当今这个"酒香也怕巷子深"的年代，好的想法很重要，但更重要的是把你的想法用声音传递出去。纵观如今的中国商海，阿里巴巴的马云、联想的柳传志、新东方的俞敏洪、华为的任正非，所有伟大的商业领袖的公众演说能力都堪称一流，并因此成为影响人心的高手。公众演说，无疑是你传播声音、增强影响力、扩展人生格局的重要工具。

有人说，"我性格内向，不适合演说"；有人觉得，"我不善言辞，没有演说天赋"。其实在我看来，这些都是在给自己设限。没有天生的演说家，同样，也没有天生就不适合演说的人。

英国最具传奇色彩的企业家、维珍集团总裁理查德·布兰森有严重的口吃，他却并没有因此减少说话的次数；相反，他非常热爱演讲，还是“TED 演讲人”，经常在讲台上表达自己的观点，分享自己的传奇经历，涌现出自己的激情，传播了科技的力量。口吃并没有限制他成为一名优秀的演说者。

我个人非常喜欢一部著名的影片，叫《国王的演讲》。这部讲述伊丽莎白二世的父亲乔治六世国王生平的传记式电影是汤姆·霍珀执导的，它截取了乔治六世一生中的一个小插曲：1936 年，英王乔治五世逝世后，继任者艾伯特王子因患口吃，无法在公众面前发表演讲；之后，他尝试用各种方法进行练习，慢慢地克服了心理障碍，并成功在“二战”前发表了鼓舞人心的公众演讲。这部影片拍得非常好，故事讲得极为动人，几乎包揽了第 83 届奥斯卡的所有奖项。

有意思的是，编剧大卫·塞德勒跟片中的乔治六世一样，曾经也是口吃病患者。他小时候就读过乔治六世的故事，并因此受到了鼓舞，克服了口吃的问题。所以长大之后，他一直想要把这个动人的故事讲述出来，并想把它搬上银幕。

在我身边，就有不少曾经不善言辞、不敢说话的人，现在成为做过数百场精彩演说的演说导师。

所以，想要学会演说，千万不要自我设限。你首先要跨出第一步，那就是树立对演说这件事情的信念。相信演说能够助你以一人之力成万人之事；相信不管你现在自身条件如何，有朝一日都有可能自信满满地站在演讲台上；相信通过学习和实践，你能够成为演说高手。

敢于开口，用语言影响更多人

先送大家一份演说水平自我评估表，让你对自己当下的演说能力做个基础判断。

演说水平自我评估表

比较项目	得分
演说前不怯场	□1 □2 □3 □4 □5
对演说题目非常熟悉	□1 □2 □3 □4 □5
演说目标非常明确	□1 □2 □3 □4 □5
对演说活动有周密可行的计划	□1 □2 □3 □4 □5
经常进行呼气、吸气的科学练习	□1 □2 □3 □4 □5
普通话过关	□1 □2 □3 □4 □5
能恰当使用幽默的技巧	□1 □2 □3 □4 □5
擅长缓和尴尬气氛	□1 □2 □3 □4 □5

续表

比较项目	得分
沟通能力很强	□1□2□3□4□5
对演说中的异常情况能有效应变	□1□2□3□4□5
演说中能注意照顾到所有听众	□1□2□3□4□5
演说中出现错误后会巧妙解决	□1□2□3□4□5
有增强个人魅力的一些技能（例如能熟练唱一首歌、讲一个故事、说一段笑话等）	□1□2□3□4□5
态势语大大方方，运用自如	□1□2□3□4□5
衣着大方得体	□1□2□3□4□5
经常面带微笑、热情	□1□2□3□4□5
时刻保持激情	□1□2□3□4□5
演说结束后常进行回顾反思	□1□2□3□4□5

说明：如果你某一项的得分是 4 或 5 分，说明你在这方面做得很好；如果低于 3 分则需要加油了。如果你的总分在 70 分以上，说明你的演说水平已经比较高了；如果低于 60 分就需要努力了。

在日常生活中，人们每一天都在说话，但是从来没有一门学科叫“说话”，因为大家认为自己说话的能力是天然就有的，无须学习。

而对于公众表达而言，我认为第一个误解就是人们以为公众表达是“专业人士才需要做的事”。比如很多人认为，只有专业的演说家、专业的讲师、专业的主持人才需要靠说来提升影响力。

这同时反映了一个反向的思考逻辑：我是非专业的，我不需要。

当区分了专业和非专业时，就容易给自己的认知设限。“专业”和“非专业”的区别，给了很多人停止学习、停止自我提升的借口，让很多人停留在“舒适区”，给自己表达力的提升设置了障碍。

第二个常见的误解是人们误会了我们中国传统文化中的“言多必失”“沉默是金”。

在《论语》中，孔子说：“多闻阙疑，慎言其余，则寡尤；多见阙殆，慎行其余，则寡悔。言寡尤，行寡悔，禄在其中矣。”

这段话出自《论语·为政》，子张要向孔子请教谋取官职的办法。孔子说：“要多听，有怀疑的地方先放在一旁不说，其余有把握的，也要谨慎地说出来，这样就可以少犯错误；要多看，有怀疑的事先放在一旁不做，其余有把握的，也要谨慎地去做，就能减少后悔。说话少过失，做事少后悔，官职俸禄就在这里面了。”

这其实是告诉我们为官者的责任是多说有把握的话，多做有把握的事，而不是告诉我们什么都不说，什么都不做。

第三个常见的误解是认为自己“不会说话”，因此给自己贴上标签，拒绝与外界交流。

有人总说，我的性格内向，不适合跟人交流，所以干脆不练习表达，以此免除一切烦恼。这实际上如同在自己和外界之间砌了一堵墙。

有的企业家也是如此，这样“不说话”的企业家，从他自身的角度来看或许是合理的。可是，客观上，这样不善于沟通，是否能为他的企业带来最大的效益，这要打一个问号。

“不必说”“不敢说”“不会说”，属于常见误区。

每个人都该学会沟通、说服，用语言影响更多人。

我给大家举个例子：如果一个人想做好小生意，比如开个小面馆，或者开家小小的麻辣烫店，一家三口搭配工作，三个人就会变得很务实。三个人之间也不用多说什么，每一分钱都算得很细，他们的工作似乎不需要太多额外技巧，只需要很敬业、很努力、很勤奋即可。这样的生活，也要求三个人的日子要过得很节俭。

勤奋当然是优良的品质，但他们想要生活过得更好，那就要学会表达，要学会虚实结合——不但要埋头苦干，还要抬头讲话。

做小可以务实，做大却需要“务虚”。

马云不懂技术，却能把阿里巴巴做到今天的地位，除了归功于他的魄力和领导力外，我觉得还离不开他“说话的能力”。他会画蓝图，会表达，他是有演说智慧的。

1999 年，马云在杭州西子湖畔创办了阿里巴巴，在创业的过程中只有 50 万元的创业基金，只有 18 个人，这 18 个人被称为阿里的“十八罗汉”。

马云对这 18 个人发表了激情洋溢的演说。马云说：“我们创办一家伟大的公司，这家公司叫阿里巴巴。”“我们的使命就是让天下没有难做的生意。”同时，马云还说：“我们有三个梦想：第一，成为全球十大互联网公司之一；第二，创造一家年盈收 50 亿美元的公司；第三，我们要活 102 年，因为活 102 年，我们的企业可以横跨三个世纪。”

马云对“十八罗汉”分享了以上的内容，大家听完后都觉得有点不切实际，觉得太遥远，是天方夜谭。

但是正因为马云心中有梦，并且敢于把梦想大胆地讲出来，敢于把“我的梦想”变成“我们共同的梦想”，才有今天阿里的商业帝国。

20 年前马云讲这些话，大家会觉得是天方夜谭，会觉得不可思议。但是我们今天看到了阿里的成就，看到阿里成为一家市值超过 3 万亿元的企业。时至今日，可以说阿里所有的生态，正在影响着我们生活的方方面面，而这个神话，源自创始人最初的梦想。

我们几乎每个人都有梦想，但并非每个人都敢把自己的梦想大声地讲出来，并勇敢地、持续不断地去追寻梦想。

马云在一次千人大会上演说，突然一个年轻人站了起来，举手问："马总，他们说你特别能忽悠，你怎么看这个问题？"

这个问题非常具有挑战性。但是马云淡定从容地笑了笑，回答道："如果把自己不相信的事情讲给别人听，让别人相信，这就是忽悠。自己相信的事情，讲给别人听，不管别人相信与否，自己却依然坚信无比，这就是梦想。而我所讲的每一句话，每一个点，首先我自己相信无比，这就是梦想。"

所以，马云能有今天的成就，除了他有超强的领导魅力和前瞻性、预见性的思维，我相信跟马云拥有伟大的梦想使命，及敢于说故事、谈梦想、给希望的这种能力是密不可分的。所以，有梦想千万别藏着，不要羞于展示，我们要大胆地开口，将我们心中的梦想讲出来。

当把梦想讲出来的时候，我们就会多一次让别人了解我们的机会，很可能也会多一次成功的机会。

演说是信心的传递。

在演说中，讲话一定要讲自己相信的。因为只有自己相信，听众才会受其影响而相信。所谓的感染力，其实就是把自己心底最迫切、最真诚的想法说出来，这种真实的演绎和表达，才有可能去感染每个人。演说最大的忌讳，就是讲连自己都不相信的事。

演说是情绪的转移。

演说高手就是自我情绪驾驭的高手，能把自己正能量的情绪和情感传递给听众。人人都会讲故事，但并不是所有人都能把故事讲得动听。只有当你的故事能传递出你的情绪，让听众产生情感共鸣，才是有价值的，否则，你的故事就只是干巴巴的转述了。

演说是传递能量的说服。

好的演说不仅仅是在讲知识、讲观念、讲道理，更是在传递一种能量，一种积极正面、向上的能量。打动别人，说服别人，是我坚持多年演说的初衷。我相信演说是有使命的，它绝对不是吹牛、忽悠或者喊口号，而是让表达者和听者共同向善的一种传播方式。

很多人说，“我不喜欢表达，我不习惯于表达”。我觉得没有喜欢或不喜欢，也没有习惯或不习惯。喜不喜欢，源于你有没有看到它的价值；而所有的习惯，都是从不习惯开始的，不习惯正是习惯的开始。所以我们要学会爱上表达，习惯于表达。要相信，再不善言辞的人，都有可能成为表达高手。

在过往演说中，我经常讲一句话：

我热爱演讲，我乐于分享，我就是超级演说家。

这句话，我经常在我的演说课程中持续不断地讲，同时带动学员和听众一起去讲。它有一种催眠的功效，就像我前面说到的心理学中的“暗示效应”。当我们相信一件事情，并且不断重复的时候，它就会变得有力量，并且会引领我们去行动。所以，我们要学会做一个热爱演讲，乐于分享，敢说“我就是超级演说家”的人。

一个人一定要既会做，也会说。我常常讲到一致性，什么是一致性呢？“说”是外在，“做”是内在；表现是外在，修为是内在。内外一致，表里如一，即为“一致性”。

人的大脑有一种倾向叫“自我合理化”，它能避免一个人的认知失调。也就是说，我们本能地会希望自己的语言、思维和行为保持一致，以此避免自我怀疑。

在演说训练上，一致性背后也有它的原理——做是为了让自己更有资本地去说，说是为了让自己做得更好。

2008 年，我有了一个梦想——用毕生的时间和精力捐建 101 所希望小学。没有人相信，因为当时的我，一个月工资只有几万元，没买房、没成家。理性地讲，这几乎是不可能完成的梦想，但是，我没有从理性上出发，我以感性的思维进行了设想，而感性往往就能创造奇迹。

所谓感性，是指在做事情的过程中，更遵从自我意识，习惯于从自己内心所想出发，不会让思维和客观条件局限了实际行动。

很多有伟大成就的人都是超级感性的人，这种感性的确是“虚”，但虚并不是虚假，而是《金刚经》中讲的“空”，是《道德经》中讲的“无”。

《道德经》中说：“有之以为利，无之以为用。”比如人们使用的杯子，用的是它的“无”，是用杯子中间空的部分来盛水。人们用的屋子也是空的，如果屋子是实的，人就进不来了——无不是“没有”，无是更大的“有”。

有无相生，难易相成。很多人做不到虚实结合，只是埋头追求金钱、房子、车子，而忽视了那些看不见的价值：梦想、使命、情怀、价值观。

这些即使没有人看到，也会呈现出来。

我立志用一生的时间和精力捐建 101 所希望小学，在我没有能力的时候，我也一直不断地讲、不断地讲。到 2019 年，我们实实在在地建了 12 所，如今，还在继续考察中。虽然目前离我的梦想还很远，但我对它满怀希望，我坚信自己能够做到。

当年，如果我只调动理性思维，肯定完不成，因为自己收入不高，又完全不懂该从何处着手。但我不管，我就到处讲我的梦想。

从 2008 年 6 月 12 日产生了这个梦想后，我就开始讲，讲到 2009 年 5 月 30 日。那一天，我在上海开课，我还是讲："我要用毕生的时间和精力来捐建 101 所希望小学。"

我讲完了，课间，有一个人过来握着我的手，他说："成杰老师，你是一个有志青年，中国就需要有更多像你这样的有志青年。"

我说："谢谢。"

他说："你这个梦想太伟大了，建 101 所希望小学真是太好了，我们能不能合作？"

我一听，眼前一亮，当时就和他交换了名片。

我永远忘不了他递给我名片的那个场景，我对他的名片印象也很深，他的名片是纯铜打造的，非常传统，很有质感。

我一看他的企业也是如雷贯耳：山西百圆裤业连锁经营股份有限公司。

他还把助理高志强先生的电话给了我，他告诉我这名助理负责公益板块的业务，后来我们就联系到了教育局。经过考察之后，找到了符合我们的标准的地方，很快就一起建立了第一所希望小学。

做善事的人运气一定不会差。这所希望小学的名字叫“巨海百圆希望小学”。这个过程中，我的收获并不只是对方为我出了一半的资金，而是他教给了我很多成功的经验和方法。比如，因为当时要拟订很多合同，我才知道合同应该怎么写，我现在公司用的合同基础版本就是当时的版本。

我讲这个案例，想要分享的经验就是——我的人生是我说出来的！

这件事给我最大的收获是相信。因为我的表达，我得到了别人的信任，而有人相信我，我就更有信心！

一个人永远都不可能做到连他自己都不相信的事情。一个人相信什么，就会去做什么；一个人去做什么，就会成为什么。

2008 年，我 26 岁，立志捐建 101 所希望小学，从一开始没人相信，到开始建立了第一所，然后第二所、第三所、第四所……截至 2020 年 4 月，我们已经捐建了 15 所希望小学，这些年来，我和我的学员们一起资助的困难学生有 1800 余名。

梦想听起来是虚的，但有梦就要大声说出来，当你说出来的时候，就会有帮你的人出现，虚无的梦想就会变成现实。很多年轻人都问我如何结识贵人，我总会告诉他们："首先你必须得说出来。"比如，我的助理说他的目标是三年内在上海买房，当我知道他的目标时，就可以帮他做规划。

我有个朋友，曾经很失意，但他想学演说，我知道了之后，就帮他做了规划。我给他建了学习成长群，让他每天分享所学，我也会经常去听他在群里的分享。我还给他规划了阅读目标，我知道了他要什么，我就可以去帮他。

在职场中，也是如此，上下级之间要做到有效沟通。比如某个项目遇到了障碍，对你来说很难逾越，但当你敢于开口向领导求助，他就会给你指导，轻松地帮你解决，因为他的资源比你更丰富。尤其是年轻人一定要知道，自己要很努力做的事情，也许对别人来说，只需要一点点力量就能帮你实现了，而你要做的，就是大胆说出来。

很多人不成功不是缺努力，而是缺别人的点化。就比如在我的公司里，我跟一个员工互动，可能会花我一点时间，但我每天哪怕只花 3 分钟，就能给他赋能，改变他的未来。

下定决心，才能在讲台上战无不胜

相信是万能的开始，相信是一切的开始。

每个人读《西游记》都有不同的感受，作为一个企业家，我首先思考的是唐僧取经最大的依靠是什么。他不懂打斗，不会七十二变，更没有宝物护身，手无缚鸡之力，只靠着相信，靠着从不说“回去吧”，征服了法力最强的孙悟空！一心所向，无所不达。

德国哲学家尼采说：“一个有强烈决心的人将无所不能。”我要告诉大家的是，生命的蜕变在于真正的决定。

达摩下定决心，菩提树下悟道成佛，成为禅宗始祖！神光断臂，以表求法诚意和决心，终成禅宗二祖！诸葛孔明真正决定走出茅庐，匡扶汉室，才三分天下！

畅销书作家马克·汉森，在参加我的演说时也曾说：“要想成为有钱人的第一件事，你得先花 1 分钟下定决心成为有钱人。穷人和有钱人最大的不同是，穷人不愿意花 1 分钟下定决心让自己变得有钱。穷人甚至连 1 分钟都不愿意专注在金钱上，反而浪费时间去抱怨或自怨自艾。”可见，一个人要成功，下定决心至关重要。只有心向往之，方可战无不胜，无所不能。

日本的稻盛和夫先生也说过一句类似的话，叫作：“心不唤物，物不至。”正是此意。关于稻盛和夫的故事很多，在他亲自授权的一本《稻盛和夫的人生哲学》中，关于京瓷成立之初的真实记录是这样的：

> 他的人生可谓不顺，甚至可以用“倒霉”来形容……毕业找工作时，接连被心仪的公司拒之门外。他一度想破罐子破摔，加入暴力团伙，成为有文化的流氓，甚至曾在暴力团伙的事务所门前徘徊。他的大学老师见他如此，于心不忍，给他介绍了一家京都的绝缘瓷瓶厂。结果，刚进公司没多久，他就发现这是一家快要破产的企业，不由得仰天长叹，觉得自己真是生不逢时。

1958 年 12 月，稻盛和夫什么都没有，只有无论如何都要干成的决心。“1958 年 12 月，以稻盛为首的“八武士”聚集在稻盛的宿舍里，立下誓言，要共同创办新公司。”

辞职是不计后果的冲动，却有几个人愿意跟着他一起干。稻盛和夫做的最疯狂的一件事是，拿出纸，写上“誓言”，接下来他用刮胡刀片划向自己的小拇指。跟随他的几个人全部用刀片划了手。最后，稻盛把按满血印的“誓词”高高举过头顶，那是他们唯一拥有的梦想，也是他们相信的东西。

以上危险动作，我们绝不提倡。但是我们能清晰地看到，最初的相信能为一无所有的人带来什么。以稻盛和夫为首的“八武士”对未来的成功有多渴求，后期的京瓷就创造了多大的奇迹！

精密陶瓷的应用日益广泛，不论是在深海的超高压环境中，还是在太空中严酷的条件下，人们选用的都是京瓷的精密陶瓷。

京瓷成立至今已经超过 60 年，成立第一年，京瓷的销售额只有 2600 万日元；2018 年 3 月，京瓷的销售额高达 1 兆 5770 亿日元。连将京瓷成立到现在的物价指数增长约 5.5 倍的因素考虑进来，销售额也增长了 1 万倍。创业之初，京瓷有 28 名员工，而现在有 75940 人。

不仅创立一个企业如此，在个人成长中，“相信”依然起到重要的作用，它能彻底改变一个人的命运。

从我相信自己将成为一名演说家开始，我就随时准备登台。那么，我第一次正式的演讲是怎么实现的呢?

我打算先从免费演讲做起。

2004年，我在四川绵阳，开始拜访各个大学院校，提出希望给学生做公益演讲的愿望。

但是我遇到的是一次又一次的拒绝。

我从情感上当然能够理解别人的拒绝，因为我当时并不够成功，一个不成功的人，凭什么来给别人演说?

这是一般人的思维，并不是我的思维。

我坚信，人生是用来体验的，成功是能够创造的。

我矢志不渝地找机会，我想，没有一个舞台是天生为我筑就的。在我登上它之前，需要用唐三藏取经的虔诚之心来铺就通向它的路。

绵阳几十所学校都已经全部拜访过了，我都被婉拒。直到两个月过去了，我拜访过三次的绵阳创业学院教导处刘主任，终于给了我一个演说机会。

学校还有其他的活动，所以这一次免费的演说，也是好事多磨。

调整了三次时间。最后一次，明明定好上午演说，没想到暴雨突袭，学校打来电话问我是否需要调整时间，但我已经握紧了拳头，只等出发，又岂能放下？

我拿着电话，说了一句狠话："哪怕天上下的是刀子，我也会准时到。"

我看到了 300 多名大学生聚集在大礼堂。

我自己没有上过大学，但我也是年轻人，我知道大学生们也有理想和抱负，面对未来，他们也有担忧和恐惧。我还是一名"过来人"，我比他们早早地就背上行囊出发了，在社会上经历的一切没有改变我的初心，我要告诉他们，不用怕！

我讲到了自己如何克服颠沛流离的恐惧，也分享了苦中作乐的奋斗精神，越讲越投入……一个半小时的演说结束，我能看到大学生们是如何激动地鼓掌，作为对我的回报和支持！

这次演说过后，各种院校的邀请像雪片一样纷至沓来。近百场校园免费演说，让我一时之间成为西南地区校园名人。

所以，很多人并不是练不成演说家，最大的障碍是他们不相信自己能练出公众演说的能力，或者是在即将取得胜利时，因畏难而选择了放弃。

演说家这个舞台，是留给有准备的人的，更是留给真正热爱它的人的。

在我所认识的企业家中，我想分享一个我认为最值得分享的案例——巨海集团的秦以金老师的故事。

2011 年 12 月末，我在浙江杭州讲课。秦以金走进我的课堂，当时他的身份是一名 30 多家美容美发连锁店的老板，有 600 多名员工。他想通过在我课程上的学习，让自己得到更大的突破。

听了我的课程后，当天晚上大约 10：30，他给我发了一条信息："成杰老师，两天的课程深深地震撼着我的内心，你要用毕生的时间和精力捐建 101 所希望小学的梦想，深深地感动着我，我立志要成为一个像你一样的超级演说家和有大爱的企业家。"

看到信息，我立即回复他："只要用心，就有可能；只要开始，永远不晚。"

我的鼓励像强心针一样，让他更加相信自己的信念。收到我回复的第二天，我还记得，那是 2012 年 1 月 1 日，他就开始了新的时间管理模式——他把闹钟调到 5：30 起床。要知道以前他是 5：30 才睡觉，但是从这一天开始，他每天早上 5：30 开始练习，因为他在我的讲课中，记住了我说的那句"好的演说是练出来的"，他下定决心马上进入刻意练习。

同样一段话，你默念和小声念，小声念和大声读，读一遍和读三遍，读三遍和读百遍，读百遍和背下来，背下来和你对一个人讲，对一个人讲和对三个人讲，对三个人讲和应对百人场、千人场的演讲，效果完全不同！

现在，我就分享给各位读者一个小小的练习，让你感受刻意练习的魔力。下面一段话，第一遍，请你默念；第二遍，请你小声念；第三遍，请你大声读出来。请你体会一下不同表达方式的区别：

我要成为超级演说家，我愿意日日精进、向上向善；

我要成为超级演说家，我愿意每天早起勤读，练习演说；

我要成为超级演说家，我愿意每天大量阅读，博学广闻；

我要成为超级演说家，我愿意每天阅读精彩的故事，并分享给别人听；

我要成为超级演说家，我愿意随时随地练习，持续大量地免费演说；

我要成为超级演说家，我愿意全方位成长自己，持续提升自己；

我要成为超级演说家，我愿意持续不断地学习、练习、复习，并学以致用，触动行动。

怎么样，是不是感觉到了不同的效果呢？当你一遍一遍大声朗读，信念会慢慢由外而内根植在你的心底。如果你想要成为演说家，就可以对着这段文字，不断地大声练习。

我当年为了练好演说，对着黄浦江演说了101天。秦以金也开始效仿。2012年1月1日，他开始早起，在他家附近的一条河边开始练习演说。那个时候他还不知道该怎么科学训练，但是他相信好的演说是练出来的，于是他马上从以往课程的笔记中找一些不错的素材和内容来朗读。不断地练习，让他对演说越来越有感觉。

于是在接下来的日子，他开始走进我的核心王牌课程：第4期的演说智慧终极班（时至今日，这个课程开班已超过51期）。在当时的演说班中，大约有100位同学进行PK比赛，通过层层的PK，最终打入前10名的学员，才有机会参加最终的演说比赛。

很遗憾的是，秦以金当时连前10都没有进。但是那一刻他还是相信自己能够成为演说家，他已经深深地爱上了演说。

演说是练出来的，不断地自我更迭才能不断精进。于是，我在上海有课，他来上海学习；我在杭州有课，他来杭州学习；我到成都有课，他也飞到了成都学习。

有一次，成都的课程结束后，秦以金和我一起用餐，交流，他突然提出："成杰老师，我想拜你为师。"

我说："好，拜我为师之前，先免费演说 101 场。"

成功就是属于以金这样又傻又天真的人，当时很多人都很聪明，劝他不要去做这样听起来很不着边际的事情。但他说："好的，没问题。"

我对他说："来成都演说。"那时候，我在成都的公司刚开业三个月，我希望他能到成都去锻炼和成长。可他自己的家和公司都在杭州，要考虑一下。一周后，他说已经把家人安置到了上海，他要到成都接受挑战，做 101 场免费演说。

很多事都是做了决定，就成功了一半。2012 年 6 月 24 日，我在上海三天的领导力课程结束，他找到我说："老师，明天是 25 号，我准备出发去成都开始 101 场的演说，你有什么要交代的？"

我说："送你三个锦囊妙计：第一，日日精进；第二，夜夜沉思；第三，天天反省。"

2012 年 6 月 25 日，秦以金带着这三个锦囊妙计，带着简单的行囊，带着一箱方便面和一箱矿泉水，从上海一个人开车，经过2100公里，历时38小时，开到了成都，开始了他101场的免费演说。

演说确实有很多技巧，在后面的章节中我会逐一分享，但我从来不认为要等一切技巧都成熟了再开始进行演说。只要你做好了心理准备，就可以去讲，演说水平一定是在不断实践中提高的。于是秦以金到成都后不久，马上就有了第一场演说，接着就是第二场、第三场、第四场……

好的演说是练出来的，秦以金试着用科学的方法练习，历经三个月的时间，在2012年9月底，完成了101场的免费演说，回到了上海。

他从一个虽然管着600人，但是在开会时连工作任务都讲不清楚的人，到后来可以连着讲3个小时都还思路清晰、气势不减。

我感受到了他三个月以来的成长和改变，我提醒他：一个人改变自己是自救，一个人影响众生是救人。他原本打算经过101场免费演说，回到自己的企业，把企业经营得更好，或者去美容美发行业给同行做培训。但是听完我的话，他再次下定决心，放下一切，从事演说培训行业，成为一名演说家。于是，他将公司彻底交给他的合作伙伴，全身心地加入我的团队。

在之后的日子里，我注意到他每天 7 点之前都会到公司练习演说。那时候，我们的公司在 3 楼，每天早晨，当我走到 1 楼的时候，就能听到 3 楼传来的声音回响。

他不断地学习、成长和精进，人生也发生了不可思议的改变。2012 年 12 月，巨海集团 4 周年庆典的活动现场，秦以金用他专业的演讲，赢得了所有人的肯定，他正式拜我为师。他的表现也令我刮目相看，我决定在未来一年内，培养他成为我所开发的、专门针对企业员工的核心课程《打造商界特种部队》的主讲老师。

实际上只用了半年，秦以金已经成功地接过了《打造商界特种部队》这门课程。我在讲完第 22 期课程之后，将第 23 期正式交接给了秦以金老师。到目前为止，这堂课已经成功地开办了 300 余期，也得到了无数企业的青睐。

同时，秦以金老师还主讲针对青少年的课程——巨海未来领袖商学院“梦想智慧”，以及针对企业管理干部的课程——巨海管理干部商学院“管理的艺术”。

一个曾经可以说完全缺乏表达力、害怕与人沟通的人，到今天可以站在舞台上讲三天两夜。他巨大的成长和改变让我们看到，要想把演说学好，取决于两个非常重要的要素：第一就是“相信”，相信就会看见希望，行动就会趋向卓越；第二就是“渴望”，迫切的渴望是拥有的开始，越渴望就拥有得越多。

先有相信与渴望，后有持续大量的行动，就能拥抱演说成果。

秦以金老师能够在最短的时间内，采取最大量的行动，进行学习、练习、实践与知识积累，可以说他获得如今的成就是必然的结果。而现在在巨海，每年除了我，就是秦以金老师的课程排得最满。现在很多企业要请秦老师演说，几乎要提前一年的时间预订。

我相信每一个热爱演说的朋友，只要不断学习，都可以让自己变得更好。我之前说，没有人天生就是演说家，但从“机会平等”的角度来看，每一个人又都是天生的演说家。

说话能够开发一个人的小宇宙，而演说可以开发一个人的大宇宙。通过不断学习、演说、练习、实践、思考……一个人可以靠演说发生翻天覆地的改变。

这种改变，也会积极地影响家人、孩子、家族，乃至数万人的命运。

在我的演说培训中，会送给大家一段我对于“相信”的练习，当你能够越来越熟练地说出以下这些话的时候，你的相信，就会带来真实世界的改变！

我相信我的人生越来越自信；

我相信我的人生越来越精彩；

我相信我的人生越来越丰盛；

我相信我的人生越来越自在；

我相信我的人生越来越仁爱；

我相信我的人生越来越慈悲；

我相信我的人生越来越幸福；

我相信我的人生越来越纯粹；

我相信我的人生越来越简单；

我相信我的人生越来越如意；

我相信我的人生越来越吉祥；

我相信我的人生越来越祥和；

我相信我的人生越来越宁静；

我相信我的人生越来越健康；

我相信我的人生越来越圆满；

我相信我的人生越来越圆融；

我相信我的人生越来越真善美；

我相信我的人生越来越富有；

我相信我的人生越来越成功；

我相信我的人生越来越璀璨；

我相信我的人生越来越真实；
我相信我的人生越来越善良；
我相信我的人生越来越美好；
我相信我的人生越来越有活力；
我相信我的人生越来越有激情；
我相信我的人生越来越谦恭；
我相信我的人生越来越感恩；
我相信我的人生越来越有境界；
我相信我的人生越来越有品位；
我相信我的人生越来越有追求；
我相信我的人生越来越有担当；
我相信自己：敢想、敢做、敢担当！

挫折也是成功舞台的主角

有了相信和渴望，想要成为优秀的演说家，依然难免会遇到挫折。

我想给大家分享一个故事。有一个球员找了一流的教练学球，可是好几天，这个教练给他安排的学习内容都是捡球，一直捡球。

为什么学打球要先学捡球？因为如果不花时间捡球，一个人就不会把捡球当作学球的必要步骤，在捡球的时候，他就会特别烦躁。所谓“人磨墨，墨磨人”，说的就是这种把挫折视作成功舞台主角的心态。拥有好心态同样是一种能力。

不管哪个领域的成功者，都必须要学会面对失败，演说也是一样的。所有极富魅力的演说家，一定都拥有令人钦佩的心态。

在成为演说者的路上，不同阶段可能会遇到不同的挫折，我们可以不断调整自己的状态，去应对这些挫折。

第一阶段：从技能上武装自己

公众演说是一种技能，并非一朝一夕可得。关于演说修炼的方法和经验，在这本书中我分享给大家，但更重要的是，大家要在实践中积累属于自己的经验和感悟。

掌握了好的方法，如果没有积累，运用起来依然会困难。如同一个武林高手，不可能只练招数，不练内功。

拿我个人来说，我从一开始就非常相信我会成为演说家，对此也怀抱着殷切的渴望。我开始不断地学习、成长，积累自己的知识。

在这个过程中，一个人的成长和变化也要跟得上社会的成长和变化。这个世界从来没有真正的“一招鲜，吃遍天”，只有敢于变化，才能把握住时代发展的节奏。

如何迎接这个时代的潮流呢？我通过四大方法来实现：

1. 大量阅读

我每一年的图书杂志阅读量至少要在 200 本以上，我每次到机场，会直接去书店买最新的杂志，有些杂志是给公司订阅的，有些是自己感兴趣的。我出差频率很高，这样就能了解很多资讯，也可以拓展自己的认知宽度。

大量阅读，能够为自己增加知识储备，让自己在演说时，言之有物。

2. 深度学习

一个人的学习不仅要有宽度，还要有深度，这样说出来的话才经得起推敲。比如我读《道德经》，《道德经》字数很少，阅读起来却并不简单，我自己会反复看。同时，关于《道德经》的研究著作及名家的解读，我每拿到一本都会认真看完。

深度学习的同时，一定会调动你的大脑进行深度思考，而每个人的内在水平，都是在思考的过程中逐步提高的。

3. 与企业家聊天

我愿意和企业家客户聊天，他们的问题一定是最新的市场反馈。我的朋友也有很多都是企业家，我会定期邀请他们一起喝个茶、聊聊天。有的企业管理做得比较好的，我会请他们分享一下是怎么做到的。当我们遇到了问题，也会与他们一起分析、学习，思想相互碰撞。

用包容的心态接纳别人的经验与见解，是拓展人生广度的捷径。

4. 心在红尘外

只要时间允许，名山大川就是我要去的地方。我会去拜见世外高人或者大德高僧。因为他们的修行是超越红尘的，修行之人看问题和平时在利益和商业裹挟中的人看问题不一样，他们更纯粹、更深入，角度更新。他们能给我提供新的视角和维度。

当我使用了以上方法修炼自己，内心开始变得有力量的时候，我的人生之路也开始变得越来越开阔了。

第二阶段：从心态上磨砺自己

一个人可以吃苦，但不能白吃苦，要在所有的挫折中，练出自己的人生智慧和好心态。

汶川遭遇地震之时，我去做慈善演说。也是那一次，心痛之余，我立志要用毕生的时间和精力捐建 101 所希望小学。

我当时找了全国很多公司，做了大量的方案，想要号召大家一起建希望小学。

回应者寥寥。我明白，如果没有钱，方案做得再多也没用，现实是骨感的。筹钱是困难的，而我自己去克服困难反而会更高效。于是我决定成立一家公司，赚了钱，就有实力来做希望小学的捐建了。

我创立了企业之后，发现真正的慈善，不仅仅是建希望小学，也包括把员工照顾好，把员工当家人。

当初，我自己都没有收入，但还是坚持该给员工的一定要给。12 年来，我一直以这样的态度经营公司。我有时会在演说中讲我的创业史，只要讲，听众都会哭。其实让大家哭并不是我的目的，但是大家却在真实的经历里感受到了我的艰难。

创业伊始，我不懂创业有多少复杂的支出，接近春节放假的时候，信用卡刷爆，甚至没有钱买机票回家。但在这种情况下，我还是借钱给员工发了工资。

当时，我打造了巨海公司独特的师徒文化，有几位骨干级别的员工拜我为师，我全心全意地教他们，带他们。为了让员工生活得更好，我还出钱给他们买车。可无论我怎样以诚相待，难免还是会遇到员工离职，令我大为吃惊，也特别沮丧。

特别在公司发展最关键的时刻，几位重要骨干员工的离开，让我对人性产生了怀疑，几近绝望。

对走了的员工我还是祝福，希望他们越来越好。所以他们虽然走了，但始终对我很尊重。有人问我这么做到底为什么，我告诉他，我是在挑战我自己的格局。

面对员工的离开，一开始当然很痛，后来知道，这都是正常的，如佛法讲的“一切无常”。

我发现，我对所有人终归还是有爱，有感激，没有恨。即使公司的高管反对我的决定，我也尽量安抚。《羊皮卷》里有一句话，我想可能在早期的演说生涯中就刻入了我的生命——我要用全身心的爱来迎接今天。

我用亲身的经历得出了一个结论：理解别人对我们的不理解，包容别人对我们的不包容，生命就是在磨砺中走向宽广。

演说水平本来就是需要多番磨炼才能提高的，而只有带着一颗平和、包容的心，接纳外界的质疑，我们自身才会成长得更强大，一切困难也都才会迎刃而解。

第三阶段：从境界上突破自己

竹密不妨流水过，山高岂碍白云飞。

演说到了最高阶段，演说家自己就会明白，自己和演说已经融为一体，说是为了更好地做，做是为了有资本去说。

万事万物都有突破自己的机会。

从小处说，你要突破自己的情绪层。

演说家要做有双核的人，集感性和理性于一身。我在演说时很少遇到听众离席的情况，但是我想说，即便面对这样的负面反馈，一个成功的演说家也要立即分出两个我，即“双核演说人”：一个我，要敏锐观察听众的反应；另一个我，要马上调整自己的节奏，用快速调整演说内容来控场。

从大处说，你要在人生中不停地突破自己的本能、局限和经验。

要敢于直面别人的否定和质疑，要能在逆耳的话语中听到自己的缺点，修正自己的不足，才会让自己的挫折越来越少。

还是讲一个我自己的经验。彭清一、李燕杰、曲啸、刘吉被并称为“中国四大演说家”，我曾经有一个梦想，就是把这四大演说家请到一起同台演说。

后来，我终于实现了这个梦想。

彭清一彭老，如今已有 90 岁高龄，但他依然热衷演说和表达，他对我而言是精神上的引领者，很多人都羡慕我人生中有这样一位师父。他对人的真挚，和他即便高龄依然具备的奋斗精神，让我领略了演说的魅力，学会了演说的艺术中极富感染力的表达方式。他是演说艺术家，他的表达形式奔放，常常让整个现场都激情洋溢，充满力量。

在我和彭老学习的过程中，他最认同的应该是我的朴实，我也无比珍惜他的指导，包括“当头棒喝。”

有一次，有人拿了一份我的资料给彭老，彭老看到资料上面介绍我是“成杰大师”。他把我叫过去，直言不讳地批评了我。他向来非常尊重女性，对我太太一向非常好，但是这一次，因为我的过度宣传、夸大其词，他把我太太也批评了，说她有责任提醒我，不应该如此“高调”。

后来有人替我辩解，这份资料并不是我写出来的。

彭老的话真是当头棒喝——虽然不是自己说出来的，但是如果能流传出来，就说明我心里想被人这样称呼。

我非常珍惜恩师这样的教诲，这个时候，最好的表达并不是辩解，而是真的去反思自我，坦然地面对自己内心的真实意图，并修正自己的言行。

每一年教师节，我都会给恩师送鲜花；当我用到好的杯子，好的毛巾，也会想到送给老师，这并不是庸俗的所谓“送礼”，而是情感的真实表达。

演说并不只是语言的艺术，它归根结底其实是“心的艺术”。当你能够从心态上做到自我突破，也就完成了成为演说高手非常重要的一步。

以上“从心到法”的三大阶段，希望能够帮助每一个演说家克服眼前障碍，越走越远。

自信源于自控

一个人取得的成就越大，他憧憬的梦想越是超越常规的认知，所以往往会遭受别人更多的歧视、否定和看不起。

成功之前遭遇质疑是非常正常的，就像种植一棵树，我们需要浇凉水它才能长大，如果浇热水，这棵树就死了。

也就是说，如果一个人在成功之前，听到的都是好听的话，也并非都是好事情。那么面对别人的质疑、不相信、嘲讽，甚至打击，该怎么办呢?

我觉得没有必要去争辩，也没必要去证明，因为弱者善于证明，而强者善于践行。真正强大的人，他的行动一定比语言更快，他一定是在实践中前行的。

我生命中有很重要的四个字：做好自己。

我曾带着巨海智慧书院的企业家去不丹和尼泊尔游学。当时，我们一行人中有一个来自宁夏的企业家学员赵正灵。第一天她问我："老师，你能送我一句话吗？"

我说："好，送你四个字，做好自己。"

第二天，她又问我说："老师，您能送我一句话吗？"我继续回答："好，送你四个字，做好自己。"

第三天，她又来问我说："老师，您能送我一句话吗？"我依然回答说："好，做好自己。"

在不丹、尼泊尔游学的10天过程中，她每天都让我送她一句话，而我每天都送给她同样的四个字：做好自己。

当时她就非常纳闷，说："老师，您是一个演说家，怎么能每天都送我同样的四个字呢？难道就没有更新、更好的内容吗？"

我说："做好自己。"她更加不解和纳闷了。

我没有解释，而是告诉她："做好自己，有一天慢慢你就明白了。"

时间就这样一天天过去，大约半年之后，有一次我到宁夏演讲，结束后，和赵总一起用餐。在用餐的过程中，她分享她最近半年来最大的成长和改变，她就讲到了四个字：做好自己。

她说，我送她这四个字的时候，她当时非常不理解，为什么连续10天，每天我都会送她同样的四个字。

但她在这半年来，坚定地做好自己该做的事情后，她发现她变得越来越有力量，变得越来越强大。

所以，做好自己。

最近，我有个更深层次的感悟：当我们每个人都做好自己的时候，我们就是在救人，这是救人于无形。

比如说，父母是孩子最好的榜样，父母做好自己的时候，会影响到孩子；老板做好自己的时候，会影响到员工。而当我们每一个人都做好自己的时候，其实，我们每个人就在为中华民族的伟大复兴贡献力量。

正如华为的任正非说的："14亿中国人如果每个中国人都能做好一件小事，中国就会变得无比强大和伟大。"

以下是我个人关于做好自己的宣言，也可以供大家练习演说，在反复练习的过程中，我想你也能体会到自身的价值：

从今天起，我要做好自己。

因为只有做好自己，我才能对得起自己；

因为只有做好自己，我才能对得起家人；

因为只有做好自己，我才能对得起客户；

因为只有做好自己，我才能对得起团队。

因为只有做好自己，我才能对得起新时代；

所以，我没有理由不做好自己，因为我是一切问题的根源；

当我好了，一切都好了；当我好了，一切的好都会与我有关；

当我变好的时候，好的机会就会向我靠拢，好的人才就会出现，好的资源就会向我靠近。所以，我一定要做好自己。

那么，怎样才能做好自己呢？这四个字说起来容易，但实践起来是需要智慧的。

想要成功地做好自己，首先就要成为一个自控的高手。一个人完全可以通过对自我的管理，日益完善自己的性格和能力，成为意想不到的自己。

天下没有完美的人，但只要懂得自控、自律，就可以无限靠近完美，从而创造奇迹。我个人通过学习斯坦福大学心理学教授凯利·麦格尼格尔对自控力的研究，得出了一套针对演说学习者提高自控力的方法。你可以尝试通过这套方法提升自我管理能力，实现自我超越：

第一，要学会用长期目标驱动自己。

在凯利·麦格尼格尔教授的《自控力》这本书里提到，人是有自控力的本能的，也就是人有去做最重要的事情的能力，即便那是一件非常困难的事。她举了个例子：决心减肥的人会明白，对自己而言，最重要的不是奶酪蛋糕带来的一时快感，而是健康、幸福和明天。当一个人意识到奶酪蛋糕威胁到自己的长期目标的实现，就能够不惜一切代价让自己远离诱惑，摆脱威胁。

成为一个演说家，在演说中要对自己的语速和时间节奏极为敏感。在需要提高语速调动听众情绪的时候，你要能轻松做到在节奏较快时依然逻辑缜密、口齿清晰，这就离不开日常的朗诵训练。我所见过的优秀的演说家，几乎都有清晨大声练习朗诵的习惯。一个演说家的表达力，跟他日复一日的训练和思考是分不开的。

那么，如果给你选择的自由，你是会“葛优躺”地玩游戏、看电影，还是起床练习朗诵呢？由于懒惰，很多人有可能会失去斗志。但如果你相信，通过努力，自己能成为一个演说家，而成为演说家这个长期目标，比玩游戏、看电影这些“短暂的快乐”值得你付出更多时间，那么你的自我管理就会驱动你进行练习和训练。

第二，要有自知之明，意识到自己并非想象中的那么强大。

《自控力》中有这样一组数据：那些认为自己有很强的自控力的被试者，最有可能选择不健康的食物。自认为自控力超群的人中，只有 10% 的人在菜单中没有沙拉时选择了最不健康的食物，而 50% 的人在可以选择沙拉时选择了最不健康的食物。或许，他们相信自己会在未来选择健康食品，所以今天点炸薯条的时候心情很舒畅，没有负罪感。

上面的这个例子提醒人们，在任何时刻都不要高估自己，就算是最成功的人也并非是完美无缺的。我和很多世界级的大师合作，当别人说他们无所不能的时候，有的大师会开玩笑地说“事实并非如此，因为我抵挡不了美食的诱惑”。这样的回答，拉近了人与人之间的距离，同时也让我们看到，一个懂得自控的人也必须是一个有自知之明的人。他不会盲目地相信自己的自控力有多强大，以免把自己置身于灯红酒绿、觥筹交错之中而不自知。

对于初学演说的人来说，你要让你周围的一切都充满演说的元素，在你生活的所有地方，都能有提升你演说能力的一切要素，让演说彻底进入你的血液和生活。刷牙的时候，洗澡的地方，一睁开眼的天花板上，都可以贴满可供你朗诵的内容！

第三，在成功之前，自我管理到一个合理的压力值中。

凯利·麦格尼格尔在对自控力的研究中，讲到了很矛盾的一点，就是自控力是有限的，就像肌肉一样有极限；同时，自控力又需要不断突破极限来提高。

这对于演说训练的启发是什么呢？就是一个学习演说的人不能对自己过于苛刻，并不是在任何时候都要绝对自控；同时，也不能处处放松，导致无法实现自我突破。

我个人提供一个方式给初学演说的人，就是在成功之前，用“享受演说过程”来给“成为演说家”提供动力支持。你的目标和你所坚信的，是你能成为超级演说家，但是在你刻意学习和训练的过程中，不能盲目乐观。

成为演说家这个结果的确很重要，但过程同样重要。每一刻的成长，每一天的进步，每一年的精进，都是你力量的源泉，都需要你认真体会。你需要在漫长的过程中，真正感受到演说给你带来的每一点改变。

当你的练习不顺利的时候，不要妄想一步登天，用某一场演说震惊四座，瞬间成为超级演说家。这种不合理的期望，可能会加重你的挫败感，在一瞬间击溃你的自信，让你产生畏难情绪。

正确的方法是，让“我享受演说过程”成为长期目标，帮助你自己专注于当下。

自我精进的过程是漫长而艰难的，但是当你学会利用上文中这些方法来提高自控力，你可能很快就会发现，每一天的练习不再乏味了。你能轻松地把演说当成生活的一部分，并且沉浸其中。

心理学家马斯洛曾提出过一个概念，叫作“高峰体验”。马斯洛在调查一批成功人士时，发现他们都有过一种特殊的感受，即曾“感受到一种发自心灵深处的战栗、欣快、满足、超然的情绪体验”。当他们心无杂念地沉浸于自己所喜爱的事情中时，会感觉到极端的快乐，这就是“高峰体验”。

我个人也经常会有这种高峰体验，而我认为，这离不开自控力。当你在练习演说时懂得自控，才能心无旁骛地深耕于这个领域，收获别人无法感受的愉悦感和满足感。

这种发自内心的愉悦感，也会让你从心底产生自信。

像塑造品牌一样塑造自己

在成为公众演说家之前，你要时刻牢记：形象永远走在成功的前面。

我想你应该也听过一个说法，叫“首因效应”。首因效应指的是人与人在交往过程中，第一印象会在我们的大脑中占主导位置。这个概念是由社会心理学家卢钦斯通过实验证实的。

第一印象往往体现在一个人的穿衣打扮、姿势、表情、谈吐等方面，虽然这些是外在特征，但是在一定程度上能够反映我们的内在素养。

第一印象的建立，对于演说家来说尤为重要，因为它往往会决定听众对我们的主要看法。每一个演说家都应该明白，听众永远不会给我们第二次机会来建立第一印象，所以，我们的外在穿着、言谈举止都应该有成功者的风范。

我们要为成功而穿着，为胜利而打扮。

在我的课程中，我经常讲，看起来像成功者比成为成功者本身更重要。也就是说，一个人在没有成功之前，要让自己看起来像成功者。

一个年轻人不要只想着投资有形资产，更要学会投资无形资产。什么叫无形资产呢？就是相信自己的价值，为自己的形象、头脑、未来投资。

在网上流传着这样一段演说：

> 我年轻时，去欧洲背包旅行，在巴黎街头看到一家西装店，就跟穿自个儿衣服似的，我瞅准一套西装就往身上套，连衬衫、领带、皮鞋也统统拿下来穿上了。这一切，就发生在几十秒以内，就跟来取衣服似的，一气呵成。
>
> 回头一看镜子，真是太帅了！然后我才看价钱，这一身装束折合韩币大概是 12 万。当时我身上一共有 120 多万。当时就想直接买了，不过仔细一看，原来后面多了个 0，是 120 万……我平生买的所有衣服加起来，还没这身贵。但我实在没法儿脱下来，镜子里那小伙简直帅得无法形容，于是，我陷入苦恼，原

本计划的行程还有两个月。

每天省吃俭用，只花 2 万，剩下的两个月我就不会饿肚子，还会有地儿住，这 60 天的保障能带给我安全感。可是，这 60 天的安全感给我带来的幸福，能比现在把这件衣服买到手的幸福大吗？

仔细一想，应该不会。

1. 算了，走吧。

2. 等哥到了 30 岁，再回到这里，买件最称心的西装吧。

3. 等等，后面的两个月，不是还没到吗？

去你的吧，当我想到第三项时，就果断买下了那件西装，然后去公园露宿。

后来才知道，那件西装的牌子叫作 BOSS。

第二天早上一醒，我就开始发愁了。

糟糕了，现在身上只有 5 万，咋整？

我拿这 5 万，找一个宾馆住了一晚，第二天早上，我边结账边说："老板，我去火车站拉过来 3 个客人，你就让我在这儿多住一晚吧。还有，如果我能拉过来 5 个人以上，就按人头给我提成吧。"他说行。

当天，我只花了 1 小时，就拉过来 30 多个住客。

凭什么？因为哥穿着 BOSS 啊。

仅仅一周，我和老板的关系就逆转了。老板跪求我说，大神千万别走。

我手中也有了 50 多万，当时就想到：哥这么牛，干吗给你做生意呢？

当时的东欧国家，比较缺提供住宿的地方。

我就去捷克，花了 50 万租了一套房子。

然后直接去了火车站，我心想这次不光要做亚洲人的生意了。

我一把拉过来刚下火车的一个帅小伙，说："给你包吃住，跟我干吧。"

没理由不干吧？哥穿着"BOSS"呢！

对方是个英国小子，真的很能干，生意直接爆满。

接下来我又多雇了几个帅哥靓女来拉客，生意越做越好。

我在那儿当了一个月的皮包老板，吃得好，睡得香。

然后，我离开捷克的时候，兜里一共揣着 1000 多万。

这一切，是因为当时买了 BOSS 西装才有可能发生的。

自那以后，我就有了一个一直遵守到现在的原则：现在就要幸福！

人们通常认为，幸福就像存款一样，可以日后拿出来用。

但实际上，那是不可能的。

日后再幸福吧，胡扯！人生的每一个瞬间，只要错过了就会永远消失。

所以，现在就要幸福起来。

世界上再也没有什么比“计划”更可笑更坑爹的了。

随心、随欲、随性，享受现在的幸福吧。

人生太短暂了。

这段广为流传的演说以极其幽默的态度告诉了我们什么是“人靠衣装”。一个韩国人靠着这套体面的西装，意外拉到了不少生意。当离开捷克的时候，他挖到了人生的第一桶金。

这段演说之所以被广泛地传播，其动人之处在于演说中的故事是能够逻辑自洽的，也符合人们对现实生活的认知——当一个人穿着得体的西装与人沟通谈判的时候，肯定好过他穿着休闲短裤。因为不同的外表，别人的感受也自然会给他不同的反馈，出现完全不同的两种互动。

我身边就有这样的例子。李玉琦老师现在已经是巨海公司首席讲师，我想聊聊他的故事。

2010年年底，李玉琦因工作关系接触到巨海集团。巨海有很多培训课程，除了教授演说技巧之外，还会传播一些积极的思想、理念，我们的讲师也会被一些企业邀请去帮他们宣传企业文化，激励员工。

而作为身在局外的人，李玉琦曾经对培训行业心存疑虑。从大学时代，李玉琦就相信自己是个优秀的人，他有自己的骄傲，却又囿于现实，无法实现理想。他从未想过，巨海会改变他的人生，更没有想过后来他会成为一名演说老师。

2011年年初，他听了我的第一场演讲，突然想起了自己的梦想，觉得不能再一成不变地生活下去了。于是，他做了决定，从一名园艺公司的技术人才，转行成了巨海集团上海公司的一名销售员，销售我们的研讨会门票。

刚从技术岗位转到销售岗位，李玉琦知道自己需要磨炼的还很多。他敢于开口，给客户打了无数次电话，但连续三个月，他一张门票都没有卖出去。

虽然销售业绩很惨淡，但他的表达能力提高了不少。同时，他还学会了分析问题：为什么自己足够勤奋地付出，却颗粒无收？那一定是种植方法出了问题，或者是必要的条件还没有成熟。

他开始不停地找原因。

他用不多的积蓄买了一块之前看中的手表，1380 元，比他当时的底薪还高，但他相信，自己很快就能把这块表的钱赚回来。仿佛有如神助，680 元“新商业领袖智慧”的门票，他一口气连卖了好几张。

李玉琦传递给客户的信息是：物质是有形的，而教育是无形的。一块表一千多元，而一堂让自己可能一生受益的课才不过 680 元。在这种生动鲜明的价值观下，客户接受程度大大提高升。

第四个月，李玉琦成了上海公司的销售冠军。

接下来，2012 年他被调往成都公司，陪伴和见证了秦以金的 101 场公益演讲，2014 年又前往巨海绵阳分公司奠定基业。也是在 2014 年 4 月至 6 月期间，他在绵阳的园艺山进行 101 天演讲练习，为他成为首席讲师打下了坚实的基础。

我分享的这两个故事，都给我们传递了这样的信息：你的名字就是你的资产，你要像经营一个知名品牌一样去经营自己。

除了外表之外，谈吐也是非常重要的。关于一个人的言谈举止，我尤其要强调的是，对一个演说家来说，对外和对内务必一致，对外谦和有礼，在对待家人的时候同样也要能够做到耐心沟通。

如果对外侃侃而谈，对待家人却颐指气使，甚至爆粗口、说脏话，这样的人不配称为超级演说家。

因为演说的本质就是沟通，而学习演说就是让我们学会有效地沟通。

面对亲近之人的不理解，我们也要知道自己是个演说家，如果你面对自己的家人都只能指责、呵斥，无法以理服人，你又凭什么与你的听众进行良好的沟通呢？

时刻牢记——你是一名公众演说家！

当最亲近的人不相信你、不理解你的时候，作为一个学习演说的人，你依然要能推心置腹、开诚布公地与对方交流。

有一位企业家学员何勇老师，他来自四川绵阳江油，进入巨海学习之前，他在做生意，经常应酬喝得天昏地暗，日夜颠倒。

在学习演说的过程中，他感受到了积极的能量，学习的劲头也很足，他的爱人也非常支持。为了全身心地投入学习，他干脆从四川绵阳离开，住在了成都。在常人的眼中，这好像有点抛家弃子的感觉，但是他依然坚定。

此时，最亲近的人也产生了一些不理解，他向我请教该怎么办。

我对他说："演说家应该能够去做有效的沟通，像对听众一样对你的妻子推心置腹。记住，我们沟通的目的不是为了证明自己，也不是为了打击别人的想法。沟通并不是为了强迫对方听你的，而是达成共识，并让对方变得更有力量。"

一个人如何让对方变得更有力量呢？就要给他肯定，给他信心，给他希望。所以我说："你要跟你的爱人做好有效的沟通，让她看到你未来的样子，看到未来的你一定是无比耀眼、不可思议的。"

他和爱人耐心沟通，并向爱人承诺说：他一年之内要把爱人接到上海。果然，何勇老师最终实现了从四川到上海的目标，进入了巨海总部学习和成长，现在扎根在上海。现在，他是一名优秀的老师，在国际化的大都市面向全国的听众发表公众演说，深受听众喜爱。

面对别人的不理解，争吵和埋怨不能解决任何问题。用有温度、有力量的语言去沟通，才能取得对方的信任和支持，让对方被你的人格征服。

一个人除了要有良好的形象、言谈举止，还要注意培养举手投足间所传达出来的成功者的气质。这种气质不是伪装出来的，而是需要内修外炼。

我向所有初学公众演说的人强调，要懂得把自己塑造和经营成一个品牌，而要想快速地打造个人品牌，塑造成功演说家的形象，一定是由外而内进行的。

所谓由外而内，就是从形象、言谈举止，再到我们内在的修养和修为，所以，我经常讲四个字：内修外炼。

内修外炼中，内修，修的是心；外炼，炼的是能力。

能力是用成果来衡量的，成果来自成功和成长，而要想成功，就要有所规划。

我们可以先把成功有形化，也就是要有明确的目标，通过我们自身的不断努力，取得一个又一个小成功，每一个小成功的积累最后就变成大成功。成功听起来似乎很遥远，但对于懂得树立目标的人，又是触手可及的。

同时，也要不断地去践行，践行就是要不断地去学以致用，触发行动，要每一天都在成长和变化。

成为演说家的路上，我们要懂得耐心打磨自己，咬牙蛰伏，之后用我们成长的速度来震撼遇到的每一个人。就像竹子，在生命的头 4 年里，仅仅长出 3 厘米，但在别人看不到的地下，它早已悄无声息把根延伸数百平方米，如此才有了第 5 年飞速长到 15 米的奇迹。

当我们拿到成果，取得成功的时候，我们作为成功者的气质也就凸显出来了，所有人都会自然而然地相信我们。

02

第二章

两大关键：开口 + 动手的刻意练习

那些“天赋异禀”的人，其实也跟我们一样是普通人，只是他们懂得日复一日地进行自我训练。

每个领域最杰出的人，往往是练习最投入的那个，演说行业也不例外。

不断练习，才能克服对“上台”的恐惧，练出随机应变的演说口才。

在行动中，找到演说成功的钥匙

我在演讲中，讲到重要的部分经常会说："大家可以把这句话记下来。"

这样做有两种好处：第一是帮助听众记忆重点；第二是让听众用行动来参与这场演讲。

很多人问过我关于演讲的问题，而大部分问题背后的根源都是缺乏行动。提高演说能力的方法很多，但如果你不去实践，一切都只是纸上谈兵。我在这本书中也会给大家分享很多实用的经验，但前提是我们一定要去做，只有自己体验过的东西才是真实而有价值的。

比如，我曾经对跟我一同演讲的学员说过这样一句话："当一个人学会了演讲，就找到了一种通透的感觉。"

这个伙伴当时并没有表示认同，我觉得他还没有正式开始演说，这样的反应很自然。

在我的引导之下，他开始持续不断地免费演说。四年后，在一次不经意的聊天中，他说："成杰老师，我终于找到了您说的那种通透的感觉，以前你讲这句话，我没感觉。"

我问他："那你为什么现在会有这种感觉呢？"

他说："因为我按你的指示，已经做了 180 多场演讲了。"

一个没有行动的人，和一个有行动、进行过 180 场演说的人，所体验到的东西完全不同。

我还经常告诉大家，演说能打通"任督二脉"。没有演说过的人，会觉得夸张，但实际上，人生也好，事业也好，生活也好，如果会演说，很多时候，你真的会觉得事情变容易了很多。

演说给一个人带来思考的动力和行动的能量，让你时刻保持思维清醒的状态，在做任何决策时，都更加果断而有魄力。

我跟我的学生们分享过很多关于演说的经验，但总而言之，具备行动力的人，对我讲的内容才能理解得更深。

敢于直面恐惧，才能克服"上台恐惧感"

还有很多人说，一提到演说头就大，根本不敢想自己有天能上台讲话。人们流传着"三怕"：怕高、怕火、怕上台。其实别说是在台上当着上千人进行演说了，很多人在公司开会时，当着十几个人发言都会紧张得四肢发抖。

怕上台是很正常的，我最初对上台也产生过恐惧心理。不过在讲怕上台的经历之前，我先讲讲我自己是怎么克服怕高的！

我有恐高症，我以前只要站到高的地方就会大脑一片空白。我想，为了克服恐高，那我就真的从高处跳下来吧！

我怎么跳？

我去高空跳伞，从4000多米处往下跳，当时产生了一种接近死亡的感觉，但是绝处逢生，我终于克服了自己的恐高！

在这个过程中，我也得到了一条经验，怎么不再让自己怕高？这个问题的答案就在行动中。

怎么行动？

怕什么就去做什么！恐惧什么，就去面对什么！

我在看过一些心理学的书后发现，我当年克服恐惧的方法与很多心理学家的研究不谋而合。

针对恐惧，心理学上有一种非常直接、快速的疗法，叫“暴露疗法”。当来访者对某个情境或者某种事物感到恐惧的时候，心理咨询师一般会引导来访者直接暴露在让他产生恐惧情绪的情境中；或者通过放映一些相应场景的图片、视频，让来访者直面恐惧。

来访者在经历各种紧张不安的情绪后会发现，他们所担忧的结果并没有发生，他们所害怕的事物没有给他们带来威胁。在暴露疗法的作用下，他们能够冲破内心的关卡，焦虑感会随之消退，也能迅速走出恐惧。

有人说："我怕上台讲话。"那就请你立刻上台讲话，立即去免费演说。

还有人说："我怕拜访客户。"那就立即去拜访客户，如果你永远怕，就永远没办法突破。见得多了，自然就不怕了。

唯有行动能改变一切

傅奕皓就是个有超级行动力的"90 后"。很多人说"90 后"家庭条件优越，不能吃苦，但在我眼里并非如此。我认识的很多"90 后"，一旦下了决心，在行动上从不瞻前顾后。

最初听我演说的人是傅奕皓的妈妈。当她感受到演说的力量之后，希望能够把这种能量传递给自己最亲爱的人，便鼓励傅奕皓跟随我学习。

起初，傅奕皓的内心是拒绝的。

作为一位名校高才生，他有自己的骄傲，他的理想是毕业后自己创业，干出一番事业，实现自我价值。他对自己足够自信，那么，为什么还要再接受别人的教育呢?

但是妈妈对他说："只要你参加成杰老师组织的这次学习，

未来做什么决定，我都无条件支持！”

怀着敷衍与怀疑的态度去听了不过5分钟的演说，他就改变了原有的态度。

2018年7月12日，傅奕皓放下之前种种计划，全身心投入到了巨海课程的学习中。

8天之后，我第一次招募嫡传弟子。不菲的学费，对许多企业家来说毫无困难，但对于傅奕皓这样的年轻人来说，即便他家境足够富裕，也称得上是一笔巨大的投资。

但是，他妈妈说过“与其将财富给你，不如给你创造财富的能力”，这句话支持着他立即行动。

为了这次学习，他卖掉了心爱的路虎车。

进入学习状态之后，傅奕皓一改之前的随性与偶尔的散漫，每天早上5：30起来看书，每天坚持两小时的阅读，半小时以上的运动。他不玩游戏，不刷无聊的视频，把自已置身于充满动能的学习与生活中。

面对身边亲友的质疑，傅奕皓也始终相信我在演说时说的那句话：“生命的蜕变在于真正的决定。”

他真正决定成为一个有作为的人，就会用他的作为把未来10年的路点亮！

所以，“种一棵树最好的时间是10年前，其次是现在”。

口才练习："开口有才"的日常训练

俗话说，开卷有益。而对于演说家来说，便是"开口有才"。

开口有才，就是一种练习。学而不练，10年不变。所以，我们必须去练声音。

有人的地方就会有声音，有声音的地方就会有力量。古有苏秦张仪纵横捭阖，诸葛孔明舌战群儒，近有革命烈士救亡图存疾声呼告。

慷慨激昂鼓士气，言简意赅化危机，娓娓道来聚人心，一切都离不开好口才。好口才无形中推动着国家发展和历史进程，影响着个人生活和企业经营。

有好口才者就是人才。

无论你是从事商务谈判、危机公关，还是组织生产、参加座谈，无论你是高层领导，还是基层一员，讲话能力都是扩大生产的一种必要手段。

当你经过口才训练成为演说高手，你便能够在各种场合中风度翩翩、侃侃而谈，你会变得自信从容、感染大众。演说就是生产力，学好演说，必将对你大有裨益。

对演说练习来说，最重要的技巧是什么呢？其实就是最简单的两个字——开口。

开口是成为演说家最通常的训练方法。在我的演说培训中，我常鼓励学员一定要练习脱口而出。把脱口而出练成一种习惯。

很多人都对我说："成杰老师，我想学演说，就是没有时间。"我告诉他们："学习别的技能，会受到各种客观环境的制约，但唯独学演说，所有人都是平等的，都在同样的起跑线上。再恶劣的环境也有可能催生出伟大的演说家。只要你心、口、手、脑不停，随时随地都能练习演说！"

南非前总统纳尔逊·曼德拉，每个人都不陌生，他经历了27年种族隔离制度牢笼的屈辱，获得了1993年的诺贝尔和平奖，并于1994年成为南非第一个民主选举的总统。因为曼德拉为种族平等事业做出的卓越贡献，联合国大会将他的生日7月18日定为"曼德拉日"。

人的一生有多少个 27 年？在经历漫长人生寒冬的日子里，曼德拉经历了漫长的等待，在等待中，他无法与他人交流，就与自己对话，与自己的情绪对话，与自己的得失对话，与自己的命运对话。所以在狱中，他保持着在笔记本上写书信草稿的习惯。伟大的思想也是由伟大的习惯练出来的！

纳尔逊·曼德拉在演说中说："当我走出囚室，迈向通往自由的监狱大门时，我已经清楚，自己若不能把痛苦与怨恨留在身后，那么其实我仍在狱中。"

这句话令世界动容。我想，这样的思考是他作为一个伟大的灵魂对世界的回答，也是他与自己对话所产生的智慧。

我们普通人，练习演说的条件已经太好，根本不存在没有时间练习的情况。

要把"每天进步一点点"当作你的目标，这在佛经里叫作"日精进"："精"为纯一无杂；"进"为勇往直前；既"精"且"进"为精进。

美国质量管理大师戴明博士，传授给日本企业最简单的方法就是，"每天进步 1%"。正如数学中 50% × 50% × 50%= 12.5%，而 60% × 60% × 60%=21.6%，每天进步一点点，假以时日，会产生翻天覆地的变化。

庄子有言："吾生也有涯，而知也无涯。"相对于一个人有限的生命，知识是无限的，我们对世界的认知也是无限的。未生之善心令速生，已生之善心令增长，未生之恶念令不生，已生之恶念令速断，为精进道法。

有生之年，日日精进，不虚度光阴，不放逸生命，勤勉修行，方成伟业。只要把握如下四个原则：

早练＋晚练＋日常练＋名篇练。只要 30 天，你的演说能力就会有质的提升。

1. 早练叙述

早上练开口，做到“有话可说”。

怎么练？你做什么就说什么即可。你当下在做任何一件事情时，都可以用语言清晰地表述出来。比如：

早安，我起床了，今天早上我 6 点起床，起得很早，因为我是一名演说家，我要抓住早上的黄金时间进行训练。训练之前，我先做一些必要的准备工作，我的计划是洗漱、跑步、开口训练、早餐。

首先，我先来洗漱，最近洗漱的时候我发现我有一个很大的进步，就是以前刷牙的时候，我总是会想工作的事，老板的事，同事的事，最近我开始练习冥想，练习冥想给我带来的好处就是活在当下。刷牙的时候绝对不想其他的事情，认真地感受牙膏和牙刷带来的感受，一呼一吸，活在当下。

…… ……

我现在已经来到了黄浦江边，我是跑步过来的，我现在开始练习念诵名篇马丁·路德·金的《我有一个梦想》。

…… ……

你完全可以从早上就开始自言自语，不要惧怕别人怀疑和好奇的目光，将来，这一切的侧目会让你在舞台上被别人瞩目！

2. 晚练反省

晚上练开口，不仅能够练习到脱口而出的能力，还能复盘你的生活，让你对自己一天发生的事情有觉知，有反思，百益无一害。

养成晚间开口练习的习惯，你会清晰地通过表述来进行自我反馈：今天的我是否比昨天的我进步了一点点？

你也会清晰地通过表述来发现自己的不足之处，进而来完善自己的人格。比如：

今天我主要的工作是拜访客户，这次拜访客户的时候我整个人感觉非常放松。我和客户谈了采购计划、报价方案、流程安排，一切看起来很顺畅。

但是客户并没有提到合同，也没有索要文件，在我的经验中，前三次拜访客户，如果客户真的对合作感兴趣，提到合同和索要文件是一个重要的信号，但是这次似乎有点不对劲儿——谈得很好，但是成交的信号一直没有出现！

这次拜访客户也许并不是成功了，而是失败了。因为有一类客户的特点是，令你如沐春风，放松你的警惕，让你不知不觉给了他很多重要的信息，但是他并不会和你合作，而是用你教他的知识，去和下一个合作方聊。

看来我要改变一下策略了……

晚上的“开口就说”，一定是有大量内容可说的，因为一整天的生活里，一定会发生一件令人印象深的事情，如令你感动的事情，令你不知所措的事情，令你温暖的事情……

通过表述，可以提炼表达重点，锻炼归纳与总结的能力。

3. 日常练表达

除了早晚，日常还可以对着静物和一切事物进行训练。

有的演员在无戏可拍的时候，会对着家里的宠物说：“来，我给你演一段儿受伤的戏。”这就是专业习惯和素养的体现。

对于演说家来说，不但要能把菜谱念得别致动人，还要能对菜谱说出有感情的话。

你可以对天地间一切事物表达，可以表达自己心中的梦想、感受，甚至是焦虑，还要能对事物本身说上半小时的话，这训练的是演说家在表达中的感受力。

要知道，心中有感情是一回事，能把感情表达出来是另一回事。举个例子来说，两个男孩子喜欢同一个女孩子，两个人同样都是诚心诚意，但是女孩怎么来判断，她只能通过两个人的表达去感受。

如果其中一个说："我的性格很沉闷，你很活泼，我希望你能给我带来活跃的气息。"而另一个人说："你的性格很活泼，我很喜欢你的性格，我希望你和我在一起后能更幸福。"

两种完全不同的表达方式，如果是你，你会被哪一种打动呢？很显然是后面一种，因为后面的这位男孩的表达方式更积极，能够给女孩带来幸福的憧憬。

所以，我们常说的人与人之间的共情能力、移情能力都不是白白得来的。会共情的人，往往更善于表达自己的感受，也更善于理解和调动别人的情绪。

演说家这方面的能力普遍很强，是因为他们会对所有的静物、风景、宠物等进行表达，不仅表达自己，而且还表达对对方的感觉，从而学会了"无中生有"地聊天，有意识地在表达中训练了自己的感受力。

4. 名篇带节奏

节奏感的训练是提高演说水平的关键一步。经年累月地练习名篇朗诵，能使你说话的节奏、对文字的把握发生质的飞跃，使你一通百通！

我尤其推荐《古文观止》里的名篇。找出任何一个你感兴趣的名篇，长期坚持练习，从朗读到背诵，从背诵到引用，默诵千遍！

另外，练习朗读诗词歌赋也很有必要。尤其是赋，句式错落有致，骈偶协调；声律和谐，朗朗上口。可以说是演说练习的绝佳素材。

我非常推荐唐代杜牧的《阿房宫赋》，你不妨试着跟我一起朗读这篇佳作：

> 六王毕，四海一，蜀山兀，阿房出。覆压三百余里，隔离天日。骊山北构而西折，直走咸阳。二川溶溶，流入宫墙。五步一楼，十步一阁；廊腰缦回，檐牙高啄；各抱地势，钩心斗角。盘盘焉，囷囷焉，蜂房水涡，矗不知其几千万落。长桥卧波，未云何龙？

复道行空，不霁何虹？高低冥迷，不知西东。歌台暖响，春光融融；舞殿冷袖，风雨凄凄。一日之内，一宫之间，而气候不齐。

妃嫔媵嫱，王子皇孙，辞楼下殿，辇来于秦，朝歌夜弦，为秦宫人。明星荧荧，开妆镜也；绿云扰扰，梳晓鬟也；渭流涨腻，弃脂水也；烟斜雾横，焚椒兰也。雷霆乍惊，宫车过也；辘辘远听，杳不知其所之也。一肌一容，尽态极妍，缦立远视，而望幸焉。有不见者，三十六年。燕赵之收藏，韩魏之经营，齐楚之精英，几世几年，剽掠其人，倚叠如山。一旦不能有，输来其间。鼎铛玉石，金块珠砾，弃掷逦迤，秦人视之，亦不甚惜。

嗟乎！一人之心，千万人之心也。秦爱纷奢，人亦念其家。奈何取之尽锱铢，用之如泥沙？使负栋之柱，多于南亩之农夫；架梁之椽，多于机上之工女；钉头磷磷，多于在庾之粟粒；瓦缝参差，多于周身之帛缕；直栏横槛，多于九土之城郭；管弦呕哑，多于市人之言语。使天下之人，不敢言而敢怒。独夫之心，日益骄固。戍卒叫，函谷举，楚人一炬，可怜焦土！

呜呼！灭六国者六国也，非秦也；族秦者秦也，非天下也。嗟乎！使六国各爱其人，则足以拒秦；使秦复爱六国之人，则递三世可至万世而为君，谁得而族灭也？秦人不暇自哀，而后人哀之；后人哀之而不鉴之，亦使后人而复哀后人也。

大家可以结合《学好声韵辨四声》进行练习，这是声表艺术行业学习的经典练习篇目，通过唇舌位置练习，结合拼音纠正普通话发音。

学好声韵辨四声，阴阳上去要分明，
部位方法须找准，开齐合撮属口型。
双唇班抱必百波，抵舌当地斗点钉，
舌根高狗工耕故，舌面机结教坚精，
翘舌主争真志照，平舌资责早在增。
擦音发翻飞分复，送气查柴产彻称。
合口忽午枯胡鼓，开口河坡哥安争。
嘴撮虚学寻徐剧，齐齿衣优摇业英。
抵颚恩音烟弯稳，穿鼻昂迎中拥生。
咬紧字头归字尾，不难达到纯和清。

最后再推荐一个名篇朗诵：

我永远沐浴在热情的光影中

［美］作者：曼狄诺

一时的热情容易做到，把渴望的心思保持一天或者一周，也不太难。但是我要做的是，养成习惯，使热情时常陪伴着我。热情是对工作的热爱。我不需要了解它，我只知道它使我的身体健康，使我的头脑充实。

随着我的努力，热情将会变成一种习惯。首先我们养成习惯，然后习惯成就我们。热情像一辆战车，带我奔向更加美好的生活。我在微笑中期待美好生活的来临。

我永远沐浴在热情的光影中。

热情可以移走城堡，使生灵充满魔力。它是真诚的特质，没有它就不可能得到真理。和许多人一样，我曾一度以为生活的回报就是舒适与奢华，现在才知道我们热望着的东西应该是幸福。就我的未来而言，热情比滋润麦苗的春雨还要有益。

今后，我所有的日子都将与以往不同。我不再把生活中的付出当作辛劳，因为这样一来，工作便是迫不得已的苦差，伴随着无休无止的忍受。相反，热情让我忘记生活的艰辛，用旺盛的精力、充分的耐心和良好的状态去迎接每天的工作。有了这些素质，我将取得远远超过以往的成绩，时间飞逝，热情不绝，我一定会变得对自己和对世界更有价值。

我抱定这样的态度，那么一切都将变得无比美好。

我永远沐浴在热情的光影中。

在那耀眼的光线中，我第一次睁开了眼睛。在那些无聊的岁月中，我生命中一切美好的东西都隐藏起来，现在它们一一展现在我的眼前。恋爱中的人，往往比别人目光更敏锐，感觉更细致，能够看到别人熟视无睹的美德和魅力。

我也如此，充满热情，更具洞察力，视野更开阔，能够看到别人无法识别的美丽和魅力，它们可以补偿大量的苦差，贫困，困难，甚至迫害。有了热情，我无论处于什么样的环境，都可能有所作为。我也会偶尔迷惘困惑，正像发生在所有天才身上的一样，那时我会迷途知返，使自己继续前行。

我永远沐浴在热情的光影中。

当我意识到我所拥有的这种伟大力量可以改变我的一切乃至整个生命时，我感到多么振奋啊！这种力量原本就存在于很多人的身上，只是他们自己并不知道，不知道他们可以用这种神奇的力量改变自己，我为他们感到深深的悲哀。

我将日历翻回，像年轻人一样生活，他们有不可抗拒的魅力，热情洋溢，像高山上的泉水。年轻人的眼中，没有黑暗的前途，没有无处可逃的陷阱。

他们忘记了世界上还有一种叫作失败的东西，他们深信不疑的是，世界等待他们的到来，等待他们点燃真理、热情与美丽的火种。

今天我高高地举起蜡烛，在烛光中向每一个人绽出笑容。

我永远沐浴在热情的光影中。

——选自《羊皮卷》

激活大脑：如何练就脱口而出的能力

当我们按照第二章前两节的方法练习实现了“开口有才”的演说表现力，接下来就要练习和他人在互动过程中的表达力。

很多人都对我说过类似的话：“成杰老师，我从来不敢奢望自己成为一个演说家，别说上台讲话或者是面对多人分享的场合了，就是平常一对一的谈话我都搞不定，我简直管不好嘴，一说话就得罪人。”

这个问题很普遍，之所以管不住嘴，很多情况下确实存在情绪管理的问题，当一个人在紧张的时候，就没办法好好说话了。但对你来说，如果管不住嘴成为常态，你不仅在生气、愤怒、郁闷时会说错话，而且时常在聊天、表达、沟通的时候，都词不达意，那说明你在口语表达的底层逻辑上还需要提升。

每一句话都来自你的大脑，又在重塑你的大脑

我们可以先看两个不同的模型：

模型 1：

[输入] → [输出]

模型 2：

[输入] → [加工] → [输出]

从表面上看，我们说话的过程是，别人的信息传输进来，我们再将信息反馈出去，我们的语言是受对方的信息控制的。

但实际上，我们真实的表达过程并非如此，中间有一个最重要的环节，即加工。这个环节是大脑对信息进行加工、整合、处理的过程，这才是决定我们说出什么样的话的根本所在！

所以要想练就脱口而出的能力，不能只练嘴，更重要的是练脑！我们要训练的是大脑的分析能力、逻辑思考能力、情绪感知能力以及共情能力。

怎样通过练习，把握好信息加工环节呢？

首先要做到正面思考。正面思考，才有正面的话语。

太多的人羡慕演说家高昂的收入，却往往没有意识到，为什么演说家做一场演说，说一句话抵得过平常人说一万句话的收入？是因为他的每一句话，都是他认真探索的结果，他要为自己说出的每一个字负责。演说家是在用生命演说！

就像印度导演塔森在一本杂志的访谈中，谈到“身价”时说的一段话。这段话的大意是说：

你出了一个价钱，不是只买到我的导演能力及来替你工作的这段时间，而是买到我过去所有生活精华的结晶，我喝过的每一口酒，品过的每一杯咖啡，吃过的每一餐美食，看过的每一本书，坐过的每一把椅子，谈过的每一次恋爱，眼里看到过的美丽女子和风景，去过的每一个地方……你买的是我全部生命的精华，并将其化成为30秒的广告，怎么会不贵？

对演说家来说也是如此。台下的听众千里迢迢来听你的一场演说，你需要对他们负责。你是要面向更多人，面向世界去宣言，所以要讲积极的话，要让你的话对别人有帮助！

讲消极的话，只贪图自己一时的爽快，却忘记了自己的责任和使命，在我看来就是谋财害命！

有一次，有人让我点评年轻人杨心龙的演说。杨心龙在9岁的时候就以天才的演说能力得到很多媒体的传播，也因为上了电视节目，持续扩散了影响力。

我当时提醒大家，我们要以学习的态度对待他人，看到别人好的一面，不要总用苛刻的眼光看其不足。所以，我们应该看到这个年轻人为演说所付出的努力。

杨心龙曾经讲到他爸爸的故事，我认为他的爸爸在这件事情上的表现可以打满分。大致的经过是这样的：

杨心龙和爸爸参加一个饭局，他撤了一下爸爸的凳子，爸爸当时跌坐在地上，所有人一边笑，一边看着这个狼狈的父亲怎么处理这样的场面。他的爸爸当时就对杨心龙说："儿子，谢谢你，你帮我打开了局面，之前，大家的氛围都很紧张，现在大家都笑了。"

这种正面的态度才能让孩子有正面的演说。而向上、积极、正面是好演说的灵魂！

语言可以救人，也可以杀人。"良言一句三冬暖，恶语伤人六月寒。"这虽然是老生常谈，但在这里我还是要强调，语言是有能量的！生活中有一个很微妙的现象，有些人会靠着吹牛皮给自己壮胆。奇怪的是，"牛皮"吹着吹着，居然都一个个变成了现实。就像美国第 16 任总统林肯曾在一封信中写道："有些事，人们之所以不去做，只是他们认为不可能。而许多不可能，只存在于人们的想象中。"

人们说出来的话，很多时候就是事实，敢于说大胆的话，如同生命种下一粒粒种子，加上长久积累起来的内在力量，种子就会变成参天大树，你就会收获一片森林。演说家的责任感，就是对你的每一句话负起责任，因为每一句话都来自你的大脑，又在重塑你的大脑。

演说家要说积极、善良、充满希望的话。

但凡开口演说，就要对听众有帮助！

行事之恶，莫大于苛刻；
心术之恶，莫大于阴险；
言语之恶，莫大于造诬。
伤人以言，甚于刀剑；
得人善言，如获金珠宝玉；
见人善言，美于诗赋文章。

帮助人，影响人，成就人，这是我对演说的价值定位。

只有发自内心地想要帮助听众，才能彰显演说的价值和意义。

怎样才能让自己的演说对听众有帮助呢？

每次上场演说前，我都要问自己三个问题。

第一，听众的需求、问题和困惑是什么？

第二，听众希望通过我的演说，帮助他们解决什么问题和困惑？

第三，我要如何讲，才能更好地帮助听众解决他们的问题和困惑？

普通的演说家活在自我的世界中，而伟大的演说家时刻活在听众的世界中。

利众者伟业必成。我们要始终牢记：心地善良，人生吉祥！当我们善于运用语言的力量，习惯于使用吉祥的语言，自己的人生就会吉祥如意。

积极正面、向上向善，就是在普度众生；消极负面、向下向恶，就是在谋财害命。

要给人信心，给人希望，给人力量，帮助人、影响人、成就人！

锻炼正面思考的能力，激活大脑

正面思考能带来巨大的力量。锻炼和练习自己正面思考的能力，可让自己在问题中、在压力下，也能从容转化和应对。我们除了要有向善的心，还需要不断地练习才能拥有这种能力。

我个人认为，最好的方法在于时时激活自己的大脑，让自己处于深度思考的状态。当你能够洞察到事物本质的时候，你就不会被别人与自己的分歧、别人对自己的态度而影响，你也不会为自己无法说服别人而感到沮丧或者愤怒。

一个善于思考的人绝对不是一个正在发脾气的人，被事物的表象所激怒，是因为你的大脑还没有思考的习惯，才容易被情绪和表象牵着走。

激活大脑的方法有三种：

第一种：让自己做提问者和回答者

我少年时爱读金庸先生的武侠小说，那时觉得有个情节特别有趣，就是在《射雕英雄传》中，写到周伯通被困桃花岛时百无聊赖，只能自己和自己玩。因为他本身是高手，所以即使是玩，也能玩出一套“左右互搏之术”。

周伯通练习“左右互搏之术”，起初只是为了打发时间，后来，他越练习越厉害，这种玩法极高地锻炼了他的心法与招数，在实战中实现了“一心二用”，左、右手可以同时使用不同的招数。

当时我就想到，这个方法很有趣，是不是也可以运用类似的方法，在演说训练上提升自己？

果然，我找到了一个很棒的训练方式，就是把自己当成记者和被采访人，让提问和回答两套思维体系同时训练我的大脑。

比如，当你在电视或者网络上看到新闻，不要仅仅看个热闹。不管你看到什么新闻，都可以想象，如果你是记者，采访当事人，你会问出什么问题。最少列出十个问题，然后从中选出最刁钻的三个问题！

之后，对这三个问题进行解答，同一个问题，自己回答三次。

三次回答的角度和方法要尽量不同，从而全方位地拓展自己的想象力和发散思维能力。

第二种：让自己做正方也做反方

这个演说技巧是我从打辩论赛的朋友那里学到的。辩论赛的高手在训练中通常会针对同一个辩题自己与自己进行辩论，自己既做正方也做反方。

这样的训练，能让一个人感受到不同的立场，并且从自己的话语中找出漏洞，自己攻击自己，也是某种程度上的左右互搏。

这种方法其实还有一种说法，叫作“证伪”。著名的美国投资家巴菲特的搭档查理·芒格就特别擅长证伪，喜欢自己跟自己辩论。他曾经在自己的名作《穷查理宝典》中写道：“我没有资格只拥有一种观点，除非我比任何人都能更好地反驳我的立场。”

我想查理·芒格之所以成为一名思维大师，一定离不开这种“自己反驳自己”的思考模式。

在日常生活中，你也可以试试这种思考模式。遇到任何问题，都不要只考虑一种可能性，要经常反过来想想，让正、反两种思维相互辩论。通过训练两种不同的思维方式，让自己的口才和思维都快速运转起来。

第三种：利用“普鲁斯特问卷”

如果通过以上的训练，你还是无法做到“脱口而出”，不要灰心，演说本来就不是可以速成的事，任何演说家都需要经年累月的积累，才能有大成。

对于初学演说的人来说，在提升思辨能力之前，我推荐用普鲁斯特问卷来进行练习。

普鲁斯特问卷的命名很有意思，我们都知道作家普鲁斯特的经典名作《追忆逝水年华》，他的意识流小说也是值得演说家去学习和研究的，他会在时空中截取自己一个特别的感受写上几十页文字，这不仅能锻炼大脑思考能力，也能训练文字表现力。

对一个作家来说，文字表现力当然是非常重要的，如果是一个没有经历过文字训练的人，他写出来的句子就是干巴巴的，比如，“一根火柴灭了”。但对于像张爱玲这样对文字极为敏感的作家而言，她笔下的火柴可就生动极了：“黑暗中他划燃了一根火柴，这橙红色的三角小旗缓缓地摇荡在它自己的风里，渐渐地它燃尽了自己的旗杆，归于寂灭。”

我把这种生发感受的能力称作是“发现火花”的能力，也就是能够在平淡无奇的生活中，找到值得关注的一小点，把这个点通过聚焦，写出火花。慢慢地，火花就能变成火焰。无论是作家还是演说家，拥有这样的能力都说明其拥有高超的表达力。他们看到了一棵树，就能给大家描画出一整座森林。

“发现火花”的能力当然是极为难得的，初学者可能很难一下子达到这种水平，所以我们今天要聊的是更直接地利用这份普鲁斯特问卷，来帮助你进入演说能力升级的正轨。

普鲁斯问卷其实并不是作家普鲁斯特独创的，而是因为他回答过一些问题，人们发现他的答案很特别，就把这份问卷命名为普鲁斯特问卷。普鲁斯特在 13 岁和 20 岁的时候分别做了一次调查，答案有很大不同，后来研究普鲁斯特的人士还以此为依据来分析他成长的变化。

我之所以推荐演说家采用这个问卷进行训练，是因为这份问卷涵盖的层面足够广。一个人从这个问卷里，可以深入浅出地用几个字的回答来表达自己对世界的理解，也可以将自己对某一个问题的回答，变成一段话、一篇论文，甚至写成一本书。

这能充分锻炼你的口头表达能力，你说出 500 字来描绘一件事情，和你说出 50 字所使用的力气、情感、逻辑会完全不同。学会利用这份问卷，可以让你对你眼前的生活及你接触到的一切人、事、物进行更深更广的理解，并可帮助你拓宽视角，让你的文字更丰沛。

其中，任何一个问题都可以成为一篇演说的题目！

附“普鲁斯特问卷”：

你认为最完美的快乐是怎样的？

你最希望拥有哪种才华？

你最恐惧的是什么？

你目前的心境怎样？

还在世的人中你最钦佩的是谁？

你认为自己最伟大的成就是什么？

你自己的哪个特点让你最觉得痛恨？

你最喜欢的旅行是哪一次？

你最痛恨别人的什么特点？

你最珍惜的财产是什么？

你最奢侈的是什么？

你认为程度最浅的痛苦是什么？

你认为哪种美德是被过高地评估的？

你最喜欢的职业是什么？

你对自己外表的哪一点不满意？

你最后悔的事情是什么？

还在世的人中你最鄙视的是谁？

你最喜欢男性身上的什么品质？

你使用过的最多的单词或者词语是什么？

你最喜欢女性身上的什么品质？

你最伤痛的事是什么？

你最看重朋友的什么特点？

你这一生中最爱的人或东西是什么？

你希望以什么样的方式死去？

何时何地让你感觉到最快乐？

如果你可以改变你的家庭的一件事，那会是什么？

如果你能选择的话，你希望让什么重现？

你的座右铭是什么？

唯我独尊：不紧张、不恐惧

很多人对演说家有一个误解，觉得演说家在生活中肯定也是滔滔不绝的。其实，演说家在日常生活中也可以是一个安静的倾听者。比如我私下和朋友、客户、学员在一起，大家都会发现我很善于耐心地倾听，但如果需要发表观点的时候，我也可以脱口而出。

所以，作为一个演说家，倾听别人讲话时要全神贯注，开口讲话要唯我独尊，这是两种状态，但是并不冲突。试想一下，如果在你看到本书的这一刻，我告诉你，10 分钟之后，我将邀请你参加一场 100 人的座谈会并进行演讲，你此时的心理状态如何？有点紧张？不知所措？担心出丑？

大部分要克服的就是两种状态：紧张、恐惧。

那么该如何应对？除了通常所说的充分的准备，自信的姿势，适度深呼吸，控制语速等技巧之外，我更想跟大家分享的，是演说前心理暗示的重要性，也就是用“唯我独尊”来做积极的心理暗示。

唯我独尊不是目空一切，而是为了建立自我价值感

我第一次对学员讲到“唯我独尊”这个词的时候，大家很不理解，觉得这个词似乎不太好，这应该是演说家的态度吗？

目空一切，唯我独尊，一般情况下的确是贬义词，但是对演说家来说却有两层意思。

第一层是，当你敢有这样的态度，就逼迫你说的话要清清楚楚，掷地有声，不能含混不清，经不起推敲。演说家要对自己说的话负责。

第二层是，训练演说家在和听众的互动中不被干扰。演说的好坏是从演说者和听众的反馈两方面来验证的。讲的内容和发心要充满善意，让听众受益，但唯我独尊的态度才能让观众和听众的负面反馈不会影响到你自己。

我经常讲一句话：注意力决定事实，焦点等于感受。

如果你有了唯我独尊的态度，会有什么样的好处？当个别观众离席、睡觉、玩手机的时候，你就不会被打击到！

你的注意力和焦点就能继续放在那些认真听讲、热爱你演

说的人身上。当我们把注意力的焦点放在好的一面时，我们得到的感受就是美好的。

我们要学会把自己的时间、精力、注意力放在那些听课认真、态度真诚、配合度极强的听众身上，这时候我们就会发挥得很好。不要太在意那些走动的学员或者是流失的学员，因为太在乎了，我们的表现就会受到负面影响。

心理学上有个概念，叫自我价值感。有自我价值感的人会认为自己的存在是有价值的，自己对他人、对社会是有积极作用的；不会因为别人的负面评价而否定自己，相信自己是有力量的。相反，缺乏自我价值感的人，一旦受到外界的负面反馈，整个人就会跌到谷底，会怀疑自己的能力，认为自己所做的事情没有意义。

一个自我价值感低、很容易被负面信号影响的人，在讲台上很难有好的发挥。当你陷入自我怀疑时，怎么可能有激情洋溢的演说呢?

在多年的演说历程中，我有一个心得：无论多么成功、多么完美的演说，都不可能赢得所有人的认同。无论多么糟糕、多么平庸的演说，也不可能遭到所有人的反对。再成功、再精彩的演说，哪怕 99% 的人喜欢，依然还是会有人不喜欢，因为演说效果是由演说家和听众两方面造就的。

我们只需要发自内心地想帮助听众，传达出自己的善意和诚意即可。

演说的目的是什么？解释情况？表达自我？获得认可？说服别人采取行动？

我觉得都不是。好的演说，一定不只是关乎自己，而是更关乎听众。演说不是“我想展现自己”，而是“我要使对方受益”。

演说的真正目的，是“利众”。我们通过演说发出自己的声音。有价值的声音会产生影响力。

什么是影响力？就是能够让听众产生改变，给他们想要以及能够使其变得更好的东西。一场好的演说，就像送礼物。人们都喜欢礼物，都喜欢得到感。

当站在台上时，我们怀着这样一种给予和利众的心态面对听众，我们的紧张情绪就会有所消解，心情就会变得轻松愉悦，自我实现感和价值感随之产生。这才是演说最大的意义。

即使有听众听讲不认真，甚至嘲讽你，又如何呢？只要我们的发心是正的，是利他的，是想帮助别人的，那么我相信一切都会变得越来越好。

唯我独尊，就是在给听众送礼物的时候，我们是自信的，我们在屏蔽干扰因素。

当然，这并不代表不关注听众的反馈。我们要做的是时刻关注听众的反应，对自己的演说做正向调整，但不被对方影响情绪。

有一次，我的一个学员讲得比较自我，台下有人睡着了。

我上台的时候就说："刚才的演说很有水平，把听众讲睡着了。"因为我说话的语气是开玩笑式的，大家也都放松地笑了，气氛反而活跃起来了。很多人在传授演说经验时，说克服紧张的方法是把听众当作萝卜白菜。如果让我来解释这句话，我会说："目中无人，心中有神。"这个神，指的是神圣、敬畏。

要知道紧张是正常的，紧张代表你对听众的在乎，这就是一个正面的暗示。

消灭紧张的方式，是与紧张相处，让紧张不再成为你的威胁。但对我个人来说，越放松的时候我的演说越自然。所以让自己日常训练开口时培养唯我独尊的个人自信和态度，台上的一刻你才能自如地发挥。

如何克服恐惧

还有一种更严重的情况是恐惧。

你有没有经历过，预想引爆全场，却因为台上紧张，只能尴尬收场？临场恐惧是人类与生俱来的一种生理反应。

了解演说恐惧的原因，将会帮助我们有效克服这一弱点。

常见的恐惧因由如下：

第一，不自信。对自身能力的不认可，是演说的头号杀手。

第二，缺乏经验。恐惧往往源于未知和不确定，经验的缺乏，往往导致焦虑和恐惧。

第三，失败的经历。根据调查数据显示，恐惧演说的人中，70%是受到过去失败阴影的影响。

第四，放不下。担心出丑，得到不良评价。

第五，准备不充分。前期积累和准备的充分程度，会影响台上恐惧的程度。

第六，完美主义。过于追求完美，会增加无谓的恐惧。

第七，听众人数。听众人数会对演说者心态造成不同的影响，因人而异。

第八，听众熟悉程度。陌生听众的出现，会或多或少影响演说者的状态。

第九，听众构成。听众的身份地位，常常也会给演说者带来恐惧。

了解了恐惧可能的肇因，对症下药，勤加练习，必会有所突破。

熟悉演说内容，了然于胸才能泰然自若

在演说之前，做好准备是克服恐惧的重要方法，而其中必不可少的，就是熟悉演说内容。当你对演说内容了然于胸，会让你气定神闲，恐惧心理就会在不知不觉中烟消云散。

怎么样才能把演说内容熟记于心？

我在此分享三种方法：

第一，演说稿力求简洁明了。

确定主题，列出大纲，写好关键词，梳理出流程。反复梳理，以主题为树干，以关键词为枝节，形成结构化记忆。一个比较好用的工具是思维导图，你可以画出演说内容的导图，这样你的表达逻辑也会更加清晰。

第二，用金句抓住听众。

提炼金句，并且牢记演说中要使用的金句和过渡句，把它们作为演说中的风向标。很多名人都有名言流传于世，所谓名言，用我们现在的话来说就是“金句”。金句的特点是微言大义，能以短小精悍的句子概括深刻的道理，渲染强烈的情绪。一名优秀的演说家也应该具备打磨金句的能力，在演说中，偶尔使用金句，还可以引发大众的共鸣感，增加记忆点。

第三，提前模拟演练。

中国有句古话，熟能生巧。多次练习，反复模拟各种场景，就会比较有底气，从而避免因为一点变化就惊慌失措。

你可以试着想象你在台上的场景，记录演说的时间，并结合模拟情况，不断调整。如此一来，即便从心理上你还是感到恐惧紧张，但对重点内容的记忆会帮你有效控场。一旦你进入状态，先前的紧张感自然会减弱。

在演说之前做好以上准备，离你完成一场成功的演说就不远了。

别让陌生环境限制你的发挥

无论是经验丰富的讲坛老手，还是初出茅庐的演说新人，都会对陌生环境有一种天然的恐惧感。这种对陌生环境的恐惧心理，是导致演说紧张和失利的元凶之一。

那么在演说中，如何克服这种因为陌生环境造成的恐惧心理呢?

可以采用如下两种方法：

第一，情绪接纳法。

遇到任何情绪，最好的应对方式都是接纳。

富兰克林·罗斯福说过："我们唯一害怕的是害怕本身。"很多人之所以无法上台，都是被演说前的恐惧情绪吓倒了。恐惧情绪让自己更加恐惧，导致演讲无法进行，并且在下次演说之前陷入更深的恐惧。这是一种负面情绪的恶性循环。

我们首先要正视的一点是，在演说前有恐惧感其实是很正常的，我也一样经历过。而当你知道恐惧和紧张都是正常的，是所有人都会有的，你就不会那么容易产生挫败感了。

当你能够平静地看待你的恐惧感，不把它当成洪水猛兽，你才能有勇气去战胜它。

第二，自我调节法。

演说开始前，给自己创造一个较好的心境，借此调节好自己的心理状态。具体来说，可以听听喜欢的音乐，看看喜欢的书，散散步，闭目养神，等等。这些都是简单易行的好办法。

我自己比较常用的方法是找个安静的角落看看书，让大脑放空。当然，这都是建立在我已经对自己将要演讲的内容很熟悉的前提下。

综上，当你正式演说之前，调适好心理状态，降低对陌生环境的紧张感，只要反复练习，就可以增强演说者在陌生环境中随机应变的能力。最后自然可以展现唯我独尊，从容分享的气度。

行云流水的手势是“人造”的

告诉大家一个秘密，很长时间以来，我的大型演说的舞台设计和设施，全是比肩明星演唱会的水准的。

并不是我为了排场和虚荣，也并不是为了满足个人的爱好，而是我很早就发现，演说的魅力要想完全释放，必须每一步都要精心设计！因为演说家一开口，如同歌手唱第一个音，能不能达到震撼与共鸣的效果，演讲过程中的所有细节都能决定成败。

2004 年我在四川绵阳，一开始在大学里演说，后来去企业做免费演说。我的免费演说做了 640 场，场所涵盖火锅店、美容、美发、足疗店、贸易公司、化妆品公司。我最早 6 点半就去演说，最多的一次一天讲 7 场。

我用双脚丈量着绵阳的每一寸土地。每天演说完，我都做很多笔记，到现在，我可以轻松背出我在绵阳时培训过的企业名字，至少 50 家以上。

在这个过程中，我最大的感受是演说做了 50 场之后，我的能力相对于最初的时候是登峰造极的。我相信熟能生巧，巧能生精，精能生妙，妙能入道。

这里面最大的变化是我变得很自信，上台 3 场就引爆，即便没有麦克风，我也会充满激情。当时，每天嗓子哑掉，我就喝草珊瑚来缓解。

当时的演说无论是内容还是氛围都非常好。可是，有一次，我在看一场演说视频回放的时候发现了自己的问题——我的身体语言并不是非常好，从走上台我就开始观察到这一点了。我以为自己的动作和姿态和一些主持人不会有太大的差异，但实际上当时完全谈不上风度，也没有任何舞台感和设计感。

我当时马上意识到，这是一个不小的问题！演说家上台的姿势，与观众互动的手势，演说家的动作……我们通常觉得演说家的这些肢体语言看起来很自然，所以并没有察觉到这是需要刻意锻炼的。但是，只要你肯模拟一遍，就能立即发现“差之毫厘，谬以千里”的含义。

对于公众演说而言，一个演说家的肢体动作一定来自不断的练习、矫正、调整、持续练习。好的表情是练出来的，好的微笑是练出来的，好的眼神是练出来的，好的手势是练出来的。

演说手势：举手投足尽显风范

肢体语言中最重要的就是手势，演说家的手势训练和歌手艺人当然不同，我总结了 6 个标准手势，几乎所有的手势都由这 6 个手势演变而来。

1. 掌式——切掌（见书后附录 NO.1）

将右手掌放于胸前，大拇指与食指之间角度为 60 ~ 75 度。然后向前切出，切出幅度分为三个幅度，小、中、大（左手同理）。

将手掌置于胸前是单手势练习的标准式，待你熟悉后可以自然地运用，不用每个手势都把手置于胸前。

比如：

"各位朋友，早上好！"

在说这句开场白时，可以用切菜的小、中、大三个幅度。

各位：手势向前小切；

朋友：再往前一点中切；

早上好：手势向前切出，用大切。

2. 掌式——推掌（见书后附录 NO.1）

将右手掌放于胸前，大拇指与食指之间角度摆成为 60 ~ 75 度。然后手掌从胸前向前拍出。幅度分为小、中、大三个幅度。推掌式一般有正前方、上方、下方等多种方向。

推掌多用在表达一种排山倒海之势时，给听众传达一种向上、向前的力量。

3. 掌式——翻掌（见书后附录 NO.1）

将右手掌放于胸前，大拇指与食指之间角度为 60 ~ 75 度。然后手掌从胸前向前翻出，掌心向上，掌背向下。幅度分为小、中、大三个幅度。

翻掌一般用来形象地表达某种变化。

比如，“五年之内，我们要发生巨大的改变”，这时就可以用到翻掌。

4. 爪式（见书后附录 NO.2）

将右手掌放于胸前，大拇指与食指之间角度为 60 ~ 75 度。然后手掌从胸前向右划弧。幅度分为小、中、大三个幅度。

爪式一般用来表达对于信息、物质、知识等的抓取，传达一种“获得”的感觉。

5. 指式（见书后附录 NO.3）

一只手呈掌式或握拳放于胸前，另一只手的手臂向前伸出，同时伸出食指。幅度分为小、中、大三个幅度。

提到“一个”“两个”等数据性的表达内容时，可以用到指式。比如“第一名”“独一无二”，就可以伸出食指来表达。

6. 拳式（见书后附录 NO.4）

将右手握拳放于胸前。然后向前伸出手臂。幅度分为小、中、大三个幅度。

拳式的手势一般在充满信心，充满力量，给听众信心与希望时的演讲表达中使用较多，手势动作充满力量感。

7. 自由式（见书后附录 NO.5）

自由式的手势一般在演讲过程中，情感爆发，情景带入以及与听众互动过程时使用较多，手势动作幅度比较大。

所有的手势运用，基本都是跟内容相关的，辅助性地传达某种理念和思想。

另外，我在几千次的反复排练和实战训练中，创造了一套简单的手势操，从最小幅度的动作训练开始，帮助大家进入演说的必要训练：

手势操

眼睛看学一遍，
耳朵听学两遍，
嘴巴讲学三遍，
记笔记学四遍，
动手势学五遍，
乐分享学六遍，
心感悟学七遍。

手势操非常有利于演说者来练习手势、肢体、动作、表情。

通过手势操的练习，一个人的整体气质都可以更放开、更自信、更自然。过往在每次演说课上，我都会带领学员来练习，而且会大声地练习，打开肢体动作！

我发现，练习手势操的课堂和没有练习手势操的课堂，有着截然不同的氛围。

刻意练习对于任何行业来说都是必要的，当一个演说者感觉自己声音条件不够好的时候，可以通过朗诵、发声训练来练习声音。

同样，如果我们觉得肢体动作不够丰富、不够自然的时候，我们可以练习肢体动作。

当我们的微笑不够有感染力，或者其他表情不够自然、不够丰富的时候，我们可以对着镜子练习微笑，练习表情！

我还得再次强调，演说需要不断地练习。如同一个不下水的人，把身体条件、心理调适得再好，只要不下水，就永远学不会游泳。

我做了海量的公众演说，每一次的演说都力求完美。

我还经常看自己的演说视频，来自我检测、观照自己：我的演说哪里讲得好，哪里可以讲得更好？当自我观照得多了，我就能发现想象中的自己和观众看到的自己差别在哪里，如何调整才能让观众看到的自己，就是自己想象中的从容的自己。

最后我要提醒的一点是：面对不同的人群，我们肢体动作的使用是有一定的区别的。

如果我们面对的都是一群年轻人，充满着朝气、活力、梦想，他们要的是视觉征服，演说家的肢体动作可以适当夸张一点，这样对年轻人会更有感染力和影响力。

但如果今天我们面对的是一群年龄稍长的企业家，或者要参加隆重的会议，我们的发言或者演说，就要显得端庄、沉稳、厚重，动作幅度不要超出身体太大范围，衣服和饰品也不易过于夸张，得体即可。

练出震慑全场的眼神

很多学员问我，除了手势操之外，还需要做哪些练习，能帮助大家练出强大气场。

我会把这段话送给他们：你是什么，你的演说就是什么。你焦虑不安，你的演说就心浮气躁。你安静沉着，你的演说就有力量，也会给别人带来力量。

对演说家来说，“动手”不仅指肢体动作、手势表达，还有很重要的一点就是用眼神控场。日常生活中，我们都能感受到眼神的力量。比如当我们去一些公共场合，有人对着我们说“欢迎光临”却面无表情的时候，你不会感觉到真正的欢迎和善意，内心也不会产生感动，但是如果当你听到这四个字的同时，对方与你目光交汇，你发现他正微笑着注视着你，你的内心会有触动。又如，当你赞美一个人的时候，你用眼神看着对方说，他就有了被尊重、被认可的感觉。

演说也是如此，我们要善于用眼神跟听众接触。眼睛是心灵的窗户，演说是智慧的大门，或许一个人的语言可以骗你，但他的眼神没办法骗你。

眼神是一个人内心世界的呈现，我们的眼神在演说中要体现出自信、善意、柔和、有力量、坚定。这样的眼神，首先源于你对现场的把控能力。还没有开始演说，你怎么提高自己的控场力？那一定是来自充分的准备！

当一个人没有准备好的时候，会有紧张的情绪。所以，准备得越充分就越自信，我们心中就越有底，我们就会越自然，也就会发挥得越好。内在的自信就会油然而生。

分享我个人的一次演说经历。

2006 年 11 月 15 日，我从南京正式踏入上海，开始人生的新征程。

当时上海对我们来说是一个很特别的城市——很多演说家在全国演说的效果都不错，但只有在上海败北。面对这样的情况，我还是愿意去。2006 年 11 月 15 日，我到了上海。

我知道演说家要做什么，不是马上登台演说，而是沉淀！于是，来上海之后，我每天陪员工拜访顾客，谈单、收单。员工高兴，客户也很高兴，我不急着上台发表自己的观点，而是每天见顾客，我到上海给自己定的目标就是一年我要拜访 360 个客户。

我很努力，一天上午见一个客户，中午见一个，晚上见一个。就这样，我深度了解了客户的问题和需求，更重要的是我积累了大量的本土案例。

很多老师讲的案例，都不是上海本土的，客户就不想听。于是，我上台了，带着自信的目光走上了演讲台。

开场前 30 分钟我都没有发表自己的观点和演说，而是采用了聊天式的开场，我先讲："昨天，我到了嘉定区，见到了某公司的王总，王总和我聊，他最近遇到的问题是……"

大家的目光也立即聚焦到了我这里，于是，30 分钟我就将现场氛围调动起来了，我说服了现场的听众！

我当时称不上是超级演说家，但精心的准备带来的好效果给我打了剂强心针。2007 年，为了成为超级演说家，我当时住在黄浦区，住的地方离黄浦江两公里。我就定了目标，每天对着黄浦江演说，持续坚持 101 天。于是，我每天早上风雨无阻地跑步到黄浦江边，练习演讲。

这样的坚持让我的成绩在后期爆发，一战成名，从上海走向了全国的舞台。

需要提醒的一点是，有准备是必须的，但准备也不是万能的。演说是对现场能力有高度要求的一门技术，并不是准备得万无一失就可以毫不紧张，对演说家来说，紧张是常态。

这里分享我的一个小技巧，这个非常棒的心语是：紧张是正常的，因为我在乎我的听众。是的，紧张是正常的，因为我们都非常在乎我们的听众。

我已经演说了近 5000 场，有时候在一些重大的演说场合，我还会有点小紧张。这种紧张不是因为害怕和准备不充分，是因为太在乎我给听众的感觉和印象。

当我默念这个心语的时候，我的心就会慢慢静下来，眼神也会慢慢地稳定下来。

除了演说前做好准备，演说中，关于眼神的运用也有一定的原则：大场盯片，小场盯人。

几十人的小场演说，当然可以盯人。盯人就是跟个别的听众做眼神的交流和互动。这个方法叫作“点视法”，就是与对方进行视线交流。收到你这个眼神的人，内心会升起一种被尊重感，从而增加他们对演说内容的兴趣。

运用“点视法”的技巧是多关注那些对你表示赞同的人，这样产生的互动，会让演说家和听众的能量互相传递、增强。

但是百人到千人甚至万人场，就要盯片，也就是用眼神和一大片面积的听众去互动。

运用眼神的方法就是“扫视法”和“虚视法”。

“扫视法”一般的规律是视线从左到右，或者从前到后慢慢移动，扫视听众。根据听众的反应，及时调整自己的语言，从而获得更好的表达效果。

“虚视法”就是把视线散在听众的中部和后部。

盯片的过程中要切记的是，眼神扫视不宜过快，过快会显得不自信、不稳重，适当的节奏会让你的眼神显得坚定、自信、有力。

最后要补充的一点是，如果舞台灯光效果太强，那一定要盯片，但还是要根据现场的情况，努力给自己创造一个和听众互动的机会。在条件允许的情况下，尽可能地跟部分人群做眼神的交流和互动。

03

第三章

三大要素：文字、声音、肢体动作

任何演说家，都不只是“会说话”而已。一场精彩的演说背后，一定是周全、严密、极致的准备。

要有细腻动人的演说稿，这需要你修炼文字能力；要有铿锵豪迈的语调，这需要你进行声音练习；要有恰到好处的肢体语言，这需要你不断修正自己台上的姿势。

还要精心地布置场地，这需要你提高审美能力，并读懂听众的心理需求。

我的《日精进》

你愿意花多少钱去买一本书?

有一本书的价格从50元提高到100元、5000元、10万元、20万元、66万元、88万元、100万元……

最终，数字定格在111万!

这就是我的一本书——《日精进》。无锡英皇集生物科技有限公司的创始人——陈晓燕女士和丈夫林宗谊先生以111万人民币的纪录拍得了我的最新著作《日精进·初心卷》。

20年前，为了满足演讲的需要，我习惯把自己的所思所想记录下来。我相信，真正能打动人的演讲素材来自生活中的细节，来自一个人的用心思考和悉心求索。

通过日日夜夜的思考和学习，我记录的内容越来越多。我习惯随时随地记录自己的想法，到现在我依然有这样的习惯，如果我突然在某个时刻产生了想法，就用手机写下来。

现在，我的助理也了解了我的习惯，他们也会帮我记录和整理。

思想的火花总是一闪即逝，如果不马上记下，很容易就会被别的思绪带走，但是记录下来的，并不代表是真正的智慧，只有常常回忆和思考，把一句话融入血液里去践行、去理解，才能成为智慧。

每天都有可能产生新的领悟和变化，经过长时间的检验后，我把自己反复思考之后觉得不错的内容集结起来，写成了一本书，书名叫《日精进》。

书一经出版，就大受欢迎，有的企业家甚至百本、千本、万本地购买。一方面是对内容的认同，另一方面是因为大家一致追求的精神，就是日日精进！

> 日日精进你的思想，你在演说时就不会没有思想。
>
> 日日精进你的语言，你在演说时自然会运用自如。

我们还为《日精进》这本书做了一项策划，从 2019 年 12 月 25 日到 2020 年 1 月 5 日，举办“全民《日精进》为爱成交挑战赛”。对比赛中这本书的销售冠军，我们的奖励是一辆奔驰车。参与挑战的人中，有一位女士的销量一直遥遥领先，最终毫无悬念地赢得了“全民《日精进》· 为爱成交挑战赛”的冠军，并得到了一辆奔驰轿车。这个人就是贵州赋能创客企业发展有限公司总裁，大酱宗师品牌创始人黄春凤。

支持她拿到第一名的好成绩，不仅是因为奔驰车的动力，更来自她对日精进的认同。她说：“我觉得我卖的不是书，而是一份智慧，一份荣誉，一种冠军精神，一份帮助人、影响人、成就人的使命。”

她这样分享了自己与学习结缘的经历：

“我是 2019 年 5 月 27 日开始学习成杰老师的‘商业真经’课程。整个课程有两句话（让我）印象最深：‘爱自己最好的方式就是成长，爱众生最好的方式就是成就众生。’企业一定要打造成学习型组织，只有学习型组织才有超强战斗力，于是我立刻就加入了巨海智慧书院。2019 年 6 月 13 日，我亲自带着团队参加秦以金老师的‘打造商界特种部队’课程学习，又被秦老师带领团队的魅力深深折服，回来之后我们团队每天早起学习读书，全公司上下都在读《日精进》。

“可能就是源于我这种简单的相信，短短三个月时间我组建了我们公司自己的成长突击队，团队业绩同比增长 70%，所以也验证了老师说的——学习是最好的投资。”

所以，《日精进》是我个人极力推荐所有人都要去阅读的一本书，我也希望每一个致力于演说的、未来的演说家都能够有一本自己的《日精进》。

我并不是专业的作家，刚开始的时候不会写。没有关系，《日精进》对我而言，也非一日两日就能够完成的，重要的是有了日精进的追求，就能在内心播下一颗日日精进学习的种子。有了这样的种子，有了合适的温度，春风来了，种子自然就会生发力量，给你惊喜。

举个例子吧，我经常会读老子的《道德经》，在《道德经》里有这样一句话："故飘风不终朝，骤雨不终日。"这句话的意思我们都能看懂，但是如果你在演说时面对的听众古文功底没有那么好，意思显然就不会被迅速接收到。

所谓"深入浅出"，好的演说要站在听众的立场上来判断演说水平的高低。

有一次，我写下了这样一段更加适合传播的话：

路再长也会有终点，夜再长也会有尽头。不管雨下得有多大，总会有停止的时候，乌云遮不住微笑的太阳。

这样的思想和精神与“故飘风不终朝，骤雨不终日”是一致的，但是在传播和表达上会更加有益于不同类型的听众的理解，传播度会更广。

我利用《日精进》记录所想，锻炼自己的文字能力，同时还为自己提供了演说训练范本。我反复阅读自己的文字，看看哪里还有需要改进的地方，哪些语言还需要优化，哪些思想还需要沉淀，怎样才能让它更有生命力，能帮助更多人。

一个人只有讲自己真正相信的东西才会有力量。《日精进》的内容就是来自我自己，所以我把这本书当作自己的朗读范本，这本书是我读了千百遍的书。

并不是因为我自恋，而是我深知——重复是学习之母。

我不但要写《日精进》，还要讲出来，还要能用口头传播。通过一次次的朗读，我能发现动一个字、改一个字在气息和气势上的不同，更能感受到每一个细节的停顿所带来的不同的感觉。

所以，一个人想要提高表达力，阅读很重要，但是朗读更加重要！有很多人问我：“成杰老师，为什么你可以连续演说 4 天 3 夜，不但不忘词，还能做到有理有据？你就是演说的天才。”

我想说，我并不是什么天才，我不过遵循了最原始的逻辑——勤能补拙。因为我把学习当作空气一样，觉得没有它就活不下去，我每天早上起来洗脸、刷牙时或我入睡前，都可能在听《日精进》的音频，所以我才能够把自己领悟的内容自如地传播出来。

就当我写下这句话的时候，我又记录了一条日精进语录：

> 当学习像空气一样无处不在的时候，它就会时刻滋养我们的生命。

所以，大家要相信，你完全可以复制我的这个方法，去创造一本你自己的《日精进》。

有一次，我受一个朋友的邀请，去一个古镇旅游。当时大家玩得非常开心，所有人都很放松。按理说，这样的行程目的就是游玩，但是我心里始终装着一本没有写完的《日精进》。

所以，见到一所古宅的时候，我看到了一副对联，我觉得写得很好，就马上记录下来，而很多朋友，因为心里没有这样一本书，与这副对联就错过了。

这就是演说和学习的好处，它会让一切好的东西在你的身边出现，它会让灵感随时随地环绕在你身边，因为你心里存有一句话——随时随地学习，是演说家的标配。

在阅读韩国作家金兰都教授的著作时，我知道原来他也和我一样，“就算和家人一起去度假，我也会随身携带着小本子，以便记下旅途中那些突然的灵感……甚至睡觉的时候也自由不得。生怕睡着睡着突然又来了灵感，于是习惯性地在枕边放个小本子”。

无论是演说家、作家，还是音乐家、画家，当一个人全身心投入的时候，往往能取得超越自身能力的成果。

我回头看自己出版的书，经常会发现一些令自己都极为动容的句子。这并不是我自恋，我想你如果跟我一样，也会有同样的感受：当你集中精力投入一件事情中，就能获得巨大的力量，做到你平时做不到的事情。

好的演说是一个个日日夜夜训练的结果，好的文章是无数次修改的产物。每一个优秀的人，都应该时刻学会用心去思考，抓住思想的每一个小火花。

最后再送大家四句：

一个不能日日精进的人，
就是在背叛自己的梦想。
一个不断自我超越的人，
就是在呵护自己的梦想。

心无旁骛练声万小时

有的朋友在听我演说之后，会非常激动地跑过来问我：“成杰老师，您什么时候意识到自己是个演说天才的？”

每个人的内心都有小小的虚荣心，渴望被认为是天才。天才，意味着你是少数人，你是这个世间特别的存在，这比被认为是靠努力获得的成功，更能带来光环。

可是，作为一名演说家，我内心有一种道德要求，也就是我常常和团队成员分享的那句话：一个人要说自己所做，做自己所说，去成为一个能诚实面对自己的人。

我的回答是：“我做过 1000 场演说之后，才敢肯定自己有成为演说家的天赋。”

做过 100 场演说的你，和只做过 1 场演说的你，不是同一个你；做过 1000 场演说的你，和做过 100 场演说的你，不是同一个你。

最早了解到“1万小时理论”，是我在机场买了一本格拉德威尔的《异类》的时候，书里有这样的内容：

> 这项研究的结果表明，一个人的技能要达到世界水平，他的练习时间就必须超过10000小时——任何行业都不例外。”神经学专家丹尼尔·利瓦廷（Daniel Levitin）写道，“无论是作曲家、篮球运动员、作家、滑冰运动员、钢琴演奏家、棋手，还是作案屡屡得手的惯犯，对他们的练习时间进行统计的结果，一次次毫不例外地都得到10000这同一个数字。

当时我看到这段文字深受启发。作者还有补充：

> 即便是莫扎特——历史上最伟大的音乐天才——也不能跨过10000小时这项练习纪录。练习不是让你一次就把事情做好，而是帮助你做得越来越好。

有意思的是，10000小时会是一段非常漫长的时间。如果不是从很小的时候就开始，如果你不坚持，就不可能达到

10000小时的训练标准。你需要有好的父母，他们能鼓励你、支持你；你不能太贫穷，因为如果你为了达到目标，不得不分出一部分时间去做兼职，那么一天之中剩下的时间就会很少。

纯粹的态度，不变的初衷

相比10000小时理论，我更在乎用唯精唯一的态度来生活!

有人说性格决定命运，我的性格里有很单纯的部分，为了专心练演说，我其实很少关注物质生活。我以前就不太在乎房子，和现在很多年轻人一样，不靠外物来增加自己的安全感。

在我建完第10所希望小学的时候，我还在租房子住。后来因孩子上小学需要，我才买了房子。

我家的老房子，我也没有修，留着泥巴的味道。周边的老房子都修成现代化的新房了，只有我家的依然很旧。我家的门下面有个缝，小时候狗要出去，还咬了个大缺口。

有人让我把房子修一下，我却不想把它推倒重建。因为推倒之后，就失去了曾经的感觉。

如果不是孩子上学需要，我从来没想过要买房子住。为了公司发展我买了一栋大楼，很多学生向我表示祝贺，但我并没有那种拥有了私人财产的满足感，我觉得这栋楼不是我的，而是公司的，是给大家用的。

世界上的一切都是非我所有，只是为我所用。

我太太也非常理解和支持我。蒙自市是云南省红河州下辖市之一，2018 年我们去那里资助了 50 个孩子。我太太觉得这件事情很有意义。在她的鼓励下，2019 年，我们把资助的人数增加到了 100 个。在上海，我们每一年资助 50 个大学生完成学业，到现在已经有 3 年了。

2019 年 10 月，我见到了近 20 年没见的初中语文老师，我买了一大束花去看望她。后来，她给我介绍了一所她曾经做过校长的学校的现状，我又为这个学校资助了 30 名贫困学生。

我提到这些，并不是为了炫耀什么，而是想说，做任何事情，都要有一个纯粹的初衷。除了时间上要保证，心性上必须屏蔽干扰，才能做到真正的专业。

尤其是对物质和金钱的态度，其实很大程度上能决定一个人选择哪条路，以及如何走下去。

我不断地努力求索，并不是为了赚多少钱，过上多好的生活，我只是想力所能及地帮助年轻人实现理想，这个初衷从未变过。南怀瑾老师说："视天下人为子女，视子女为天下人。"

有的孩子 18 岁就考虑打工挣钱，我会开导他们要把眼光放到 5 年和 10 年后。18 岁打工暂时赚到了一点钱，但是根本存不下来，几年后两手空空，脑袋空空。但是大学毕业后，拥有了知识，再去拥抱金钱，效果就会完全不同。

一个人的时间是有限的，没有纯粹的心，就没有高纯度的10000小时！朝着你的初衷去努力，这10000小时才是扎实的。

真正的精进，在于深度练习

当然，在这10000小时里如何练习，也是很重要的。

很多人从小爱涂鸦，随手在纸上画小图形，这样的涂鸦即便超过了10000小时，他可以成为画家吗？

当然不可以。没有精准复盘，没有调整、对比、反思，就称不上合格的练习，那只能叫娱乐。

尤其是演说家的声音练习，需要极致的敏感，极致的投入，极致的纯粹！

当你屏蔽掉外界干扰，再去倾听、训练你的声音的时候，你的感知和控制能力就会迅速提升！

演说家对声音的把控表现在语调和语速上，语调可高可低，可刚可柔，语速可快可慢。听众在台下听的时候，可能觉得演说家的表达能力是天然就有的，似乎没有经过打磨，实则不然。演说家行云流水的演讲背后一定是无数次的刻苦练习，是千万次的自我检查和修正。

经过练习，才能提高对声音的感知力，在演说时才能发挥自如。即便如此，在台上我们依然要不断留意演说时的抑扬顿挫、张弛有度、刚柔相济，尽量做好每一个细节。

对于初学演说的人来说，甚至可以把演说稿打印出来，针对你要讲的内容和故事，多次朗诵。在朗诵时，也可以用手机进行录音，之后比较每一次的不同，针对薄弱点进行修正。最好的演说，一定是你的声音和演说内容的完美融合，要将内在的情感灌入得非常自然，才会给听众带来强大的感染力。

好的演说是练出来的，震撼的演说是设计出来的。初学演说，有意识地去精心设计，精心准备，是非常有必要的。

当一个人的演说达到一定程度和水平，达到顺手拈来、驾轻就熟的境界了，就能在演说稿的基础上，有一些顺其自然的借题发挥，这样会更走心、入心、打动人心。

文字能力从何而来

一场好的演说，就像一次完整的计算机信息交互传递：输入代码，硬盘存储，适时输出。

演说就是把我们过去吸收储备的知识，在必要的时候表达出来。思想是底片，演说是照片。

演说的本质是“输出”。就演说而言，好的输出有三个衡量标准：观众愿意听，听了记得住，记住了便于传播。

要想满足这三个标准，离不开我们平时日积月累的输入和存储。存储的内容越丰富，输出时就越得心应手。

马云有特别助理专门为他搜集行业经典段子，罗永浩有文件夹专门储备发布会语料，罗振宇也有笔记本专门记录各式金句。

还有一些作家也有类似的习惯，他们会随身携带一个小本子，记录自己的所见所闻、所思所想；有的还会专门建一个资料库，在文件夹里将写作素材分门别类，写作的时候才能信手拈来。

在输出过程中，使用那些高频、精辟、热门的金句、段子和比喻，会让你的演说更出彩。那些有趣的故事、案例，也会为你的演说增加记忆点，让听众更有代入感。

我作为一名演说家，对语录也格外留心记忆，比如第一次看到“日日行，不怕千万里；常常做，不怕千万事”，我就记下来了。

我也会将自己要传播的观点尽量用简练对称的句型表达出来，比如：利众者，伟业必成；一致性，内外兼修。

毫不夸张地说，我认识的所有演说家全都具备很强的文字能力，这种能力既是指对文字的鉴别和审美能力，也是指一个人对文字精妙运用的能力。

因为演说家必须具备丰富的表达力，当别人看到大海只能说一句“哇，大海！”的时候，演说家可以随时讲出自己更细致的感受，并可以现场朗诵一首诗来表达丰沛的情绪。

又如，我和几个朋友都是唐诗的爱好者，我们常常讨论如何让演说的结尾“意犹未尽”，于是就会琢磨诗歌的表达手法，对一些大家耳熟能详、觉得很简单的诗再做多样化的讨论和深入分析。

比如：

闻乐天授江州司马

残灯无焰影幢幢，此夕闻君谪九江。
垂死病中惊坐起，暗风吹雨入寒窗。

这首诗是元稹写的。

元稹和诗人白居易有很深的友谊。公元810年，元稹因弹劾和惩治不法官吏，同宦官刘士元冲突，被贬官。公元815年，白居易也被贬为江州司马。

这首诗就是元稹听到白居易被贬的消息时写的。我们演说家学习的不是这首诗的政见和历史知识，而是“暗风吹雨入寒窗”的手法。“暗风吹雨入寒窗”既没有呼天抢地，也没有说出感受，这句诗既可以是他在病中看到的窗外的景物描写，也可以是他的心境的表达，还可以是他对当时制度的不满。

所以我很清楚地记得讨论了这首诗之后，有个演说家朋友在去一家企业做演说的时候，就学到了这个手法，她说的是：“我刚下飞机，直接打车过来，一走进这个教室，我马上嗅到了春天的气息。”

语虽浅显，意颇深邃，这样的文字能力不是闭门造车造出来的，这和学习是密不可分的。

如何储备演说内容

除了培养文字的表达能力，还要让自己的文字里充满专业、丰富的内容。到底该怎么进行系统学习呢？

我常常对年轻的演说家说这样一句话：成功需要目标，成长需要计划。

这就是说一个人的成功需要明确的目标，成功的前提是成长，一个人只有成长才能更好地获得成功。

而一个人成长最好的方式是有计划地开展学习。要想提升自己的文字能力，说出的话言之有物，我认为学习必须从深度、广度、厚度来入手。

学习的深度

从深度来说，专业的知识储备和训练必不可少。演说家对文字的表达要做到适合口语传播，这和其他“公文写作”“工作汇报”所要求和使用的文字有所不同。

演说的特性要求一个演说家要读专业的书籍，如一些关于演说技巧和方法的书籍，来提升我们对演说的认知。有了这样的认知，你自然就会明白什么样的文字才值得你学习。

拿我自己来说，我过去为了更好地提高自己的演说水平和教学水平，每年会看 30 ～ 50 本演说类的书籍，同时会看一些知名企业家的脱口秀节目，还有一些提高演说能力的专题演说。从高手的演说中学习他们运用的演说方法和技巧，也吸取他们演说时使用的文字手法。

另外，针对特定人群，需要有特定的文字训练，有一些特定词汇的运用，本身就是演说家拉近与听众距离的桥梁。如果我们要针对某一个主题或者某一个专业进行演说，就要在这个领域持续不断地学习，这也是一种深度。

比如说我个人创立了“商业真经”，这本来是一门公众演说的课程，后来不断地迭代、进化，从巨海创业到今天，经过了 12 年，这门公众演说课变成了一个日趋完善的课程，课程进行了 5 次升级，课程的名称、内容、框架做了 12 年，历经了 5 次更新迭代。

为了把课程讲得更好，我也在持续不断地研究一些商业案例，收集和分析一些企业家的故事以及当下最新发生的一些商业资讯。我的词汇会随着企业家队伍成员的不断成长而成长，我的内容也在随着时代的不断发展而发展。

学习的广度

从广度上来说，演说家又不能只学专业的知识，因为这和一个做外科手术的医生可以只学好专业的医学知识不同，演说绝不是闭门造车，也绝不能固守在自己的世界里。

我还是以诗歌来举例子：宋朝大诗人陆游在逝世的前一年，给他的儿子传授写诗的文章叫《示子遹》：

> 我初学诗日，但欲工藻绘；中年始少悟，渐若窥宏大。怪奇亦间出，如石漱湍濑。数仞李杜墙，常恨欠领会。元白才倚门，温李真自郐。正令笔扛鼎，亦未造三昧。诗为六艺一，岂用资狡狯？汝果欲学诗，工夫在诗外。

我们尤其要留意的是“工夫在诗外”，这句话是陆游作为一代文豪的心得。

演说家同样如此，也要在演说以外用知识来武装自己，在经典名篇中练出广度。

当我们心中有更多的经典名篇，在演说中就可以灵活地穿插使用，这会让演说出彩，甚至可以起到画龙点睛的作用。在我心中的经典名篇，可能更多的是倾向于一些散文、诗歌、经典语录的名篇。

比如汪国真的诗《热爱生命》中的第一句："我不去想，是否能够成功，既然选择了远方，便只顾风雨兼程。"

又如对我启发比较大的奥格·曼狄诺的著作《世界上最伟大的推销员》中有一句："我要用全身心的爱来迎接今天，因为这是一切成功的最大秘密，强力能够劈开一块盾牌，甚至毁灭生命，但是只有爱才具有无与伦比的力量，使人们敞开心扉。"

这些文字都是一个人对生命的哲思和对生活的回应。

还要吸收当下的资讯来拓展宽度。

比如，我要给企业家做演说，内容就不能和给年轻人做的演说雷同。想要有很宽泛的知识，就要阅读一些相关的资讯。

我喜欢看一些商业财经类的杂志，比如一些商业评论、商业周刊等。在演说"商业真经"的时候，我要大量看一些商业的书籍，以及关于战略、品牌、商业模式，以及当下做得比较好的一些企业家写的书。

例如，分众传媒江南春先生写的《抢占心智》，周鸿祎先生的《极致产品》《颠覆者》；又如理查德·布兰森写的一些书，都让我对商业有了一些更好的理解，也更熟悉一些商业类的文字，这样我在演说时也会运用自如。

还有《创业维艰》《从 0 到 1》，让我对创业与转折的认识有了提升，改变了我的认知，我使用的描绘创业的文字和语言当然也就变得不同。

学习的厚度

从传统文化的学习上增加厚度。

一个人的厚度一定来自沉淀，我们任何时候都不要放弃读中国传统文化的书籍。

我一直喜欢传统文化，在 2011 年认识李燕杰老师后，我更加热爱传统文化。一部《道德经》，我反反复复地看，越读越觉得值得一看再看。名家解读我都爱听，但是并不拘泥于对错，重要的是为我所用。

李燕杰老师有句话对我启发就非常大——“智慧而淡定，仁爱而持重，勇决而从容，博识而谦恭！”

对中国文化的学习和研究，会提高我们的厚度。除了《道德经》之外，还有《黄帝内经》《论语》《孟子》《庄子》《大学·中庸》《诗经》《心经》《金刚经》等。

我个人闲暇之时，为了静心还会手抄佛家经典《心经》《金刚经》《六祖坛经》等。

利用“超级装备”，为你的演说锦上添花

大家都知道有句话叫“台上 1 分钟，台下 10 年功”。

很多人重视的都是这句话所提出的“厚积薄发”的观念，可是我现在想说的是，为了这 1 分钟，不但要有 10 年功，更要有周全、严密、极致的准备。

如果缺少了必要的准备，那就会分分钟破功。

有一次我被邀请参加一个活动，我曾亲眼看到这个活动中的各种不为人知的细节：演说者的衣服和背景几乎是同一个颜色；我离演说家的位置很近，我一看他的手势、表情、气质，就知道他一定经过严格的自我训练，甚至每一个停顿都是精心考量过的……

但是我不得不说，那些他精心设计的所有肢体动作，对位置稍远一点的听众而言，要很吃力地辨认。我不知道为什么会

出现这样的错误，但它就是发生了。

所以，每一个细节，只有你全部思虑周密，考虑到台下所有观众的接受度和体验感，才能确保那1分钟可以完美地释放能量。

我举个例子。有一段时间，乔布斯的演说风靡全球，学习乔布斯当然毋庸置疑，可是千万不可生搬硬套。

有一些初学演说的人几乎完全迷失了自己对演说本质的探求：有人穿着T恤、短裤就上台了；有人效仿乔布斯的黑屏；还有人模仿乔布斯从牛皮纸袋里掏出产品。

是的，你看到他似乎云淡风轻地说着话，然后随意地从牛皮纸袋中掏出产品，你或许以为他的演说就是毫无雕饰的——他仿佛从家里匆匆忙忙地赶到了产品发布会现场。

但你要知道，从2001年起，苹果的产品就一直用各种各样的卖点来进行营销，到了2008年，苹果又找到了新卖点，就是它的产品薄。这种很薄的笔记本，给当时的笔记本行业带来了新鲜感，也许是为了卖个关子，所以，乔布斯精心设计了一番。

你有没有发现，他每次演说都会有一个高潮时刻。推广这款产品时，为了证明产品的轻薄，乔布斯把电脑放进了牛皮纸袋，以此来吸引众人的目光。乔布斯从牛皮纸袋里掏出产品，听众当然震撼。

可是，在其他产品的演说中万万不可生硬复制，当一个演说家从一个大型牛皮纸袋里掏出一个净水器来演说，这能起到什么效果呢？！

《后汉书·马援传》中有一个故事：

东汉名将马援有两个好友，一个叫龙伯高，另一个叫杜季良。这两个人风格不同，龙伯高为人敦厚，杜季良为人洒脱。

马援在给侄子马严、马敦的书信中讲到，希望两个侄子能够学龙伯高，而不要学杜季良，这其中有很深的道理。原来，在马援眼中，龙、杜二人都是值得尊敬的名士，但是如果学杜季良，不学他内在的风骨，而只是学个皮毛，学他表面的爱好交际，年轻人难免误入歧途，变成一个轻薄的人，但是学龙伯高就很安全，由内及外，都是一个老实谨慎的君子。

这个故事衍生了一个成语——“画虎不成反类犬”。这是一位古人的人生智慧。

所以，对初学演说的人来说，我诚恳地建议从基本功练起，而不要总想一口吃成胖子，一说话就能征服全世界。

我写这本书，就是为了毫无保留地把自己对演说研究的一切分享出来，所以除了练习基本功，我会把放大文字表现力、声音震撼力、手势表达力的独家心得也一一分享给大家。

演说场地：给听众带来舒适感

首先，演说场地的布置大有玄机。

当然，这的确是你已有一定的实力来选择环境的时候才要考虑的问题，演说场地对演说家来说，从来都是重要的。

在某些特别重要的演说之前，有演说家朋友会请我帮忙去看场地是否合适。这并不是迷信风水，而是不同场地的气韵和风格不同，有的场地天生就能为演说家加分。

很多场地我实地一看，就知道没问题。因为那些场地和布景设计确实能给人带来好心情。有的朋友说："成杰老师，你真神了，我这次演说的确很成功。"

其实我想说，大家以为的"神通"，不过是我经过千锤百炼后对演说的认识。当一个听众来听一个老师演说的时候，我们想一想这个主题，就能够明白来的听众是带着怎样的心情，有着什么样的目的。好的场地，不是只要有华丽的舞台布置，还要从很远的动线设计上给听众一种从容的感觉，给听众带来他期待的感受，真正地为听众服务，让听众感觉自信。

有的朋友问我："成杰老师，演说的环境真的有那么重要吗？"

我给他举了一个例子："有人拿着一把刀，在距离你并不近的地方对着你，他表示绝不会冒犯你，也不会伤害你，但他就是不声不响地站在那里，一动不动，请问你会有什么心情？"

这就是环境的奥妙：听众的心情好，演说家的心情好，整个感觉都会很好。

我对演说场地有如此高的要求，并非为了彰显我个人的身价，我的团队之所以会从各方面为我考察一遍，考虑的完全是听众的感受：这个地方是否容易找；进入会场之前，听众的行动路线是否通畅；有没有哪条通路是逼仄的，或者显得"卡"，如何用路导去明示出最好的行动路线。

此外，如果是针对企业家的演说，我通常选择的地方是五星级酒店或者超五星级酒店。因为这样的会场对于企业家们来说是很熟悉的环境，能降低他们的陌生感；酒店的配套服务能够有保障；演说以外的时间也不会节外生枝。

针对一些特色的主题，我甚至会选择在一些比较有特色的、精品的、园林式的酒店里来进行演说。这样的环境，不但从侧面反映了演说家的品位，还能够给企业家们带来身心的放松。当一个人在放松的环境里，心情愉快，他的心理压力值会变得很小。你演说时无须声嘶力竭，完全可以低缓深沉，在整个氛围中，他会更容易吸收你说的话。

专业设备：让你的演说更专业

其次，现场还是需要有专业的音响和灯光。

很多歌手使用的麦克风是独家定制的，对演说家也是如此，麦克风是演说家的生命。

我有一支麦克风，在全国各地演说，都带着它。我的音响也是演唱会级别的，这都是为了我的演说能够完全无后顾之忧，有稳定、超常的发挥。

当一名演说家充分尊重自己，使用一流的音响，配合自己的也是一流的调音师，内心成为一流的演说家的想法自然会无比强烈。

我在吉林省吉林市演说时，整套音响设备是让人从上海开 2000 多公里的卡车送过去的；在重庆演说，音响设备也是让人从上海开 2000 公里的卡车运过去的。在全国各地演说，我的音响和我的调音师都是从上海送出和出发的，这是对客户和听众负责。

灯光在舞美中属于重要的组成部分。同样，在演说时灯光也很重要，它是放大演说效果的重要环节。如果说麦克风能左右听众耳朵接受信息的程度，灯光就可以把听众眼睛所见的信息管理起来。灯光亮的地方自然就是被人瞩目的地方，反之，不想被看到的地方自然可以通过调暗光线来弱化。

而打到演说家的脸部的灯光就更加重要。有的灯打得不好，会显得面目粗糙；如果打得好，就会显得人的面部柔和，显得演说者神采飞扬。大部分演说家，不太留心灯光这个细节，但有一次，我在一场演说中做了一个小小的创意，加了追光灯，出场时就有了让人眼前一亮的感觉！

此外，演说家和歌手不一样，我认为演说家应该与听众做更多的互动，所以演说的舞台设计也很关键。一般情况下，演说家使用的是 90 厘米高的舞台。

我为演说做了新的尝试，即搭建了 T 台。T 台的使用可以让我更好地走进听众中，与更多听众互动。

后来，很多同行也采用了这样的方法。能被大家学习和效仿，证明这个方法对大部分演说家来说都非常适用。演说家也确实要融入听众中去。作为演说者，也要不断地思考演说环境中的各种细节，不断做新的、更好的尝试，让场地、环境、布置、设备等发挥出最好的效果，为自己的演说锦上添花。

最后还要提醒演说家团队要为演说家把关的三个细节：

第一，不可忽视背景展架或者会场的展架。把我们想要表达的一些重心和要传递的一些重要信息，与视觉审美的表现兼顾起来。

第二，把关会务系统。如报备系统、签到系统、入住用餐系统等。参与演说会场工作的所有工作人员都需要以良好的状态来迎接和感染听众。

第三，要重视演说家和主持人之间的互动。配合很关键，如果演说家和主持人之间互动得很好，听众也会在流畅和亲切的氛围中感觉在会场就像在家里一样。

以上是我在实战演说的过程中，留意和总结的超级装备，请大家一定不要忽视这些细节。

“场”就是一种能量，对演说的效果发挥至关重要。

演说中的灵活发挥

心理学家丹尼尔·卡尼曼（Daniel Kahneman）经过深入研究，发现我们对体验的记忆由两个因素决定：高峰（无论是正向的还是负向的）时与结束时的感觉，这就是峰终定律(Peak-End Rule)。

这条定律基于我们潜意识总结体验的特点：我们在对一项事物进行体验之后，所能记住的就只是在“峰”与“终”时的体验，而在过程中好与不好体验的比重、好与不好体验的时间长短，对记忆几乎没有影响。高峰之后，终点出现得越迅速，这件事留给我们的印象就越深刻。

丹尼尔·卡尼曼实在是太厉害了，他本身是心理学家，却拿到了 2002 年度的诺贝尔经济学奖。他研究的峰终效应简直适用于所有环境，比如，当我们去某家高人气餐厅用餐。取号、排队、等待的过程一定是不愉快的，而当我们用餐后，带着对美食的赞叹离开时，心中已经很有幸福感了，在发表对这家餐厅的评价时，大部分人一定会点好评。

当我们懂得了峰终效应，就意味着在演说中发生任何情况，我们都可以大胆地来应对。只有一场演说结束后，这场演说成功与否才能“一锤定音”。

我听过一个男明星讲的逸事，他没成名之前在歌厅唱歌，但是一开始并不受欢迎，所以当他一上台，还没开口唱的时候，就被人起哄喊道：“下去，下去！”

他当时并不能真的下去，因为这样根本就收不到钱，而且歌厅有规定，必须唱完四首歌，才能拿到钱。

他很幽默地采取了一个办法，他走下了一步台阶，说：“我下来了，接下来为大家带来一首歌《喜欢我的人都好运》。”

大家非但没有再喊他下去，而且整体氛围变得非常愉快和热闹。

临场应变能力适用于所有的舞台表演，演说当然也是一种舞台演绎形式。在演说过程中，如果演说家达到一定的水平，除了原本规划好、设定好的演说内容、大纲、故事，演说者也可以借助课程现场的一些场景来临场发挥，或是借助听众的一些感觉来适当地调整自己的内容。

用幽默的语言让气氛活跃起来

如果能增加临场发挥的幽默内容来为演说助兴，那自然更见水平。

有人说，幽默是人类智慧的最高境界。我深表赞同。幽默是演说沟通中的润滑剂。幽默，会让演说的种子开出花朵。善用幽默，不仅能增强演说的说服力和感染力，还会大幅提升演说者的人格魅力。每个人的身体里，都潜藏着幽默的因子。如果想让你的演说吸引并感染到听众，幽默必不可少。

那么在演说中，我们常用的幽默手法有哪些呢？

我为大家总结了三种形式的幽默：

第一，自黑式幽默。

演说中适当运用一些“自嘲”的方法，可以帮助你迅速拉近与听众的距离，打破沉闷的局面，还能拉低姿态，让听众感受到你的谦逊和平和。

很多名人在演说时都会适当自嘲。胡适在一次演讲时有这样的开场白：“我今天不是来向诸君做报告的，我是来‘胡说’的，因为我姓胡。”这个开场白既向听众介绍了自己，又体现了一名演讲者的谦逊和幽默，还激活了现场的气氛。

比尔·盖茨在哈佛大学的毕业演讲上说的就更有意思了："我为今天在座的各位同学感到高兴，你们拿到学位可比我容易多了。我值得称道的也只有被哈佛的校报称作'哈佛大学历史上最成功的辍学生'了。我想这大概使我有资格代表我这一类学生发言……在所有的失败者里，我做得最好。"

当然，在运用自嘲这一方法时，也要注意把握一个度，一般来说点到即可，不能过度渲染，否则反而有一种借自嘲而自我吹嘘之感。

第二，即兴发挥式幽默。

我一贯的观点是，即兴发挥都是计划和准备的结果。平日多搜集一些无伤大雅的幽默笑话和搞笑段子，演说时灵活运用，会让你的演说更接地气、更合时宜。

在收集笑话时也要注意筛选，最好是紧跟热点而又贴合台下听众的情况，如果在搞笑的同时又能给人带来积极的反思，就更好了。

第三，互动式幽默。

研究表明，成人的注意力仅仅能高度集中 20 分钟左右。演说过程中穿插一些幽默互动，有助于重新调动听众的积极性。

互动时有一个小技巧：找台下活跃、有特点、有影响力的人进行互动。这类人非常善于自我表现，只要你将话筒交给他们，他们一定能配合你，说不定还会带给你惊喜。当然，这就要求你在演说中有意识地关注听众，筛选出有以上特点的人。

有些人对幽默有一种误解，认为幽默是一种天赋，外向的人才幽默。但我要告诉大家的是，每个人都有幽默的潜质。

想要发现你的幽默潜质，最简单的办法是留心观察，记录下生活中你的言行引人发笑的时刻。不断积累，刻意练习，长此以往，幽默会成为你的特质。

当然，我还要提醒的是，会用幽默当然好，依然要注意适度。演说的本质是分享内容和观点，而不是为了娱乐大众。幽默只是拉近你与听众的距离、把内容和观点植入听众心里的工具，如果为了幽默而厚此薄彼，难免本末倒置。

除了运用幽默这种方式，在“促进成交”的这类演说中，还可以通过注入“不可思议的活力”来给演说增加热情！力不至而财不达，收到的钱才是钱。

比如，你可以设计一个令听众感觉意外的购买方案。

在演说结尾，激发顾客的购买欲望。以下形式可以供你参考：

1. 买就送，多买多送！

2. 买就优惠，多买多优惠！

3. 现场购买，赠送超赞的礼物。

4. 限时，限量，限优惠，给顾客制造紧迫感和危机感。

5. 通过不断地测试顾客，不断地了解顾客。

6. 要假设成交，先认定顾客一定会买。

7. 让顾客感性地购买，理性地说服。

8. 顾客买的是放心和安全，要给顾客踏实感，免除顾客的后顾之忧。

9. 成交一定要轻松快乐，成交时一定要兴奋。一想到收钱，就要兴奋无比，卖东西一定要让顾客有赚的感觉。

提升即兴演说的能力

在公众演说中，除了在演说过程中可以灵活发挥，我们还可以做一些灵活发挥的演说，比如即兴演说。

即兴演说能力，已经成为所有职业人士的一种不可或缺的工具。

对此，我的一贯的观点是，即兴演说，大多是计划和训练的结果，绝不是毫无章法的。一切在脑海中准备妥当了的演说，才叫即兴演说。

如何进行一场成功的即兴演说呢?

我给大家总结了三个基本点。

第一，快速确定主题，迅速调适情绪。前者可根据场合、现实需要确定，后者则可通过深呼吸的方法稳定心绪。

第二，快速对听众做出判断。根据听众大致的性别、年龄、职业、文化水平等信息，确定词语的选取、语言的使用。

第三，演说内容的结构布局。如果有纸笔，可快速写下开头、过渡、结尾的关键词，确定材料使用顺序和排列方式。

此外，即兴演说过程中，语速的控制与停顿、与观众的眼神交流不可或缺。

强大的知识储备，加上熟练的语言组织技巧，才能让你在即兴演说中表现得越来越好。

倾听与互动：演说家也要懂得倾听

在演说中，最需要灵活发挥的一个环节是在和听众进行互动时的环节。互动可以将听众带入你的演说情境，让他们更有参与感。那么怎样和听众进行互动呢?

这里我只说最基本的一个原则——倾听。

当我们想要说服别人的时候，可能大多数人采取的方法都是讲很多话，摆出很多理由，进行说教，试图让人家听你的，却忘了说服背后的心理因素——对听者的理解，对信息的收集，对情绪的判断。

所以我想告诉你的是，有时候你不用喋喋不休地讲很多话，与听众互动的时候，不妨大胆地把话语权交给对方，你只要用心地听，互动就能有更好的效果。

我的学员中有很多是销售员。我常常跟他们讲，在销售时，也要注意倾听。分析客户的需求比迫不及待地照本宣科，说一大堆产品的特征更重要。如果你静下心来，把话语权交给客户，听他吐露自己的需求，讲出自己的意见，你才能有的放矢地向客户介绍你的产品。而且，你懂得倾听，对方也会感觉被尊重了。

有的企业领导者，更需要倾听。很多领导在开会时会出现“说话上瘾”的情况，一说就停不下来，结果员工在底下昏昏欲睡，会议根本达不到好的效果。

有的心理学家对这种现象也进行过研究。他们对 144 位管理者进行了调查，当他们被要求为自己的倾听技巧评定等级时，没有一个管理者认为自己是一个“差”或者“很差”的倾听者，高达 94% 的管理者评估自己的倾听能力为“好”或者“很好”。

但是事实上是怎样的呢？实验者对员工也做了调查，大部分员工都表示自己领导不是一个好的倾听者！

所以，在公司中演说也是一样的，可以在把主题内容讲完之后，将话语权交给员工，听听他们的意见和需求。

有的人以为演说家时时刻刻都喜欢表达，实则不然。我认识的很多优秀的演说家在生活中都很安静，他们都是非常善于倾听的。我个人在私下里也并不喜欢说个不停。我认为在台上要“放得开”，而在台下则要“收得住”。倾听，本身也是为演说做准备。

一举一动皆修为

演说家的修为能够通过台前演说全面地展示出来，文字、声音，使用的肢体动作等，都能够体现一个演说家的素质和品格。

可是我们一定要记得，文字、声音、肢体动作的确可以设计出来，但归根结底是靠修为支撑的。

一个人的命运是他修为和作为累积的结果，修为是心，作为是行，修为和作为简称“造化”。

所以演说家要不断地修炼内在的心灵品质，提高人文素养，提升人格魅力。

演说家的一举一动都在人们的审视下。如果只通过文字表达，你可以深思熟虑。比如说我写一篇文章，可以反复去思考、琢磨，来谋篇布局，写完之后还可以反复地打磨、修改。

而演说家更多的是一种临时发挥，甚至脱口而出的自然表达，这种表达对舞台效应的要求很高——你很难掩饰你的不足。虽然演说家也可以提前做充分、有效的准备，但是临场舞台上的发挥充满未知，每一个成熟的演说家，一定会用亲身经验得出一个结论：演说家的综合表现和只采用写作的形式来表达观点，感觉是完全不一样的。

演说家的一言一行都常常展示在人前，没有强大的修为支撑，他的形象是会坍塌的。我们现在常常说明星有“人设”，演说家也一样，如果没有强大的修为，他的人设是立不住的。如果一个演说家能保持自己台前和幕后言行的一致性，他会越演说越轻松——他只是把自己真实的思考表达出来而已。

所以，我建议所有的演说家尽量自己完成演说稿的构思和写作。

有一些演说者可能会要求助理帮忙撰写演说稿，但我认为，无论别人把稿子打磨得多么文采飞扬，都很难打动人心。演说稿如果需要他人代笔，在现场我们很难讲出一种真情迸发的感觉，因为那是别人的经历，是别人的思考和体会。

我常常讲到一致性的重要性，因为只有知行合一，你才是有力量的。你相信自己说的话，你的演说才能打动别人。

我多次强调，好的演说就是讲自己的故事，讲自己的经历，讲自己的体验。因为自己的故事、经历、体验有三个关键要素：第一是亲眼看到，第二是亲耳听到，第三是亲身经历。

当你所演说的内容是亲眼看到、亲耳听到和亲身经历的时候，你的故事讲出来才会有血有肉，有灵魂、有情感，才能够打动人心。

不排除有的公司领导的演说发言稿是由专业的秘书来写的情况，这样做也无可厚非，但那份演讲稿仅仅应该是给领导作为参考的。演说家如果能自己写最好，自己完成了初稿，可以找文字编辑能力强的专业人士来做一些修改和润色，但底色还应该是自己的。

2018 年 7 月，巨海在上海买下来一栋办公大楼，当时有一个签约仪式，那天我特别欣喜，起得特别早。看了会儿书之后，我就写了一篇演说稿。

我预算了演说的时间，在 8 ～ 10 分钟。

我写了演说稿，并把稿子反反复复修改完，早上在家里的书房把演说稿讲了三遍。吃完早饭，从家到新办公大楼签约的地方大约有 25 分钟的车程，在车上的时候，我又把演说稿讲了两遍，在心里面默默地讲了一遍，又是三遍。

这篇短短的演说我准备了共六遍。

在签约仪式上轮到我上台发言的时候，我带着三页的手稿上台，大家看到后都笑了。那种笑是一种打趣的笑，因为大家都认定以我的演说水平是完全用不着稿子的。

我讲了第一句话，就将文字、声音和肢体动作结合在一起，我把稿子拿在手中，举在空中，说："我是有备而来的。"然后我把稿子放在讲台上，全程没有再看一眼，只是拿来做一个道具。

我既表达了自己对这个短暂时刻的重视，又不失一名演说家对专业工作的从容驾驭。

我很在意一场演说能不能在自己和听众之间形成一种好的"流动"。在我个人的演说经验中，好的演说除了取决于演说家自身的水平和发挥，还取决于听众。当听众的能量水平越高的时候，我的演说发挥得就会越好，于是，大家的能量就能够流动起来。

战国·郑·列御寇在《列子·汤问》中生动地描绘了高山流水遇知音的故事："伯牙善鼓琴，钟子期善听。伯牙鼓琴，志在登高山。钟子期曰：'善哉！峨峨兮若泰山！'志在流水，钟子期曰：'善哉！洋洋兮若江河！'伯牙所念，钟子期必得之。”

我特别能够理解这个故事。琴还是那张琴，曲子也是那首曲子，但听的人不一样，弹曲子的人心境和状态难免有变。演说也是如此，当你遇到了与你能量相当、目标一致的听众，你在演说时甚至会被自己感动到。

所以后来子期死，伯牙遂破琴绝弦，终身不复鼓琴。由此可见，人是多么需要共鸣感。

演说的本质其实并不是单纯地自我表现，而是像和老朋友聊天一样，自然、自信、自如、自在。只是演说是站在台上，聊天的对象变多了。

从人与人的情感互动角度来说，是否有共鸣至关重要。比如，三五好友喝茶聊天，如果当一个人说出来的话，别人听不懂，或者没有人搭话，想再进行下去，并不会因为聊天的人数少，就没有难度。

演说也是如此，如果你每一个话题的收尾都能引起人的共鸣，你讲的内容深入浅出，听众很容易听懂，而且听众的水平和理解能力都很棒，那么惊喜往往就会出现！

一股无形的能量就会流动起来，舞台上的你会得到极大的激励，你会越讲越兴奋，越讲越投入，越讲越有感觉。

04

第四章

四重境界：入耳、入脑、入心、入神

演说不只是语言的表达、知识的传递，更是思想的表达、观念的交互；演说的目的不是“自我表现”，而是用自己的理念去影响听众。

因此，演说家要关注的不只是技术的进步，更是境界的提高。

而最高明的演说家，不仅能提升自我境界，还能如同春风化雨一般，在不知不觉中提升听众的境界。

如何提升个人与演说的境界

先推荐大家读一篇文章，即中国台湾地区已故作家林清玄先生的《茶匠的心》。

这篇文章讲了一个故事，故事的背景发生在17世纪日本北方的土佐国，有一位贵族带着茶匠出门，可是当时治安不好，茶匠就脱去茶匠的衣裳，带着长短刀剑，扮成武士的模样。

后来，茶匠遇到了状似浪人的武士来挑战自己，茶匠请求对方放过自己，武士却加倍逼迫他比剑。

茶匠想起自己路上遇到了教习剑道的道场，他就前去向剑匠学了几招，以图能在比剑时有一个体面庄严的死法。

剑匠听他说了这件事后，就请茶匠表演人生的最后一次茶道。茶匠心想这可能是一生里最后一次泡茶了，所以他无比专注。

于是，剑匠深受感动，教他就以这样的态度来面对武士。

果然，当茶匠用了这样的境界和武士再次决斗的时候，武士吓得当场逃走了。

林清玄先生的文章是我非常喜欢的，常常用来做朗诵练习。

这篇文章如果你大声读出来，会在茶匠专注的态度中感受到一种庄严的境界。每个人如果对自己正在做的事情都能秉持一种专注、投入、入心入神的态度，那么，最后这件事情就会产生光芒万丈的力量。

演讲也是如此，演说家要关注的不只是技术的进步和技法的提升，演说家之间的比拼更胜在境界！

演说家的境界对听众也是非常重要的，演讲不仅仅在传递知识、传达观念，更是在不知不觉中提升听众的境界。

演说家个人追求的境界如林清玄先生《茶匠的心》中茶匠的境界，我借用李燕杰老师的话，把它总结为四种境界：智慧而淡定、仁爱而持重、勇决而从容、博识而谦恭。记住，境界上去了，很多问题就没有了。

国学大师王国维在《人间词话》中提出了读书三境界，悬思、苦索、顿悟。随着演说家个人追求的境界的提升，他所做的演说，也可以分为四重境界。

第一重境界：入耳。

这重境界考验的是演说者如何通过结构性思考，有理有据、条理清晰地把话说清楚的能力。要能用最精准的语言最快速地讲述事情的来龙去脉，并且要能避免误解。

第二重境界：入脑。

这重境界考验的是演说者通过讲故事把听众带进来的能力。所谓讲故事，不是编造，而是借助一定技巧，把听众带入情境，营造一种让听众身临其境的氛围，让他们的呼吸、心跳随着故事情节的发展而起伏。

第三重境界：入心。

这重境界考验的是演说者于无形之中传递价值观的能力。圣雄甘地倡导的“非暴力不合作”，曼德拉著名的出狱演说，马丁·路德·金的《我有一个梦想》，乔布斯的求知若饥、虚心若愚，等等，都是个中典范。

第四重境界：入神。

演说家用生命和精神的能量来影响别人，更要从内心深处不断帮助、影响和成就更多的生命，才能实现更伟大的梦想和创造更伟大的成就。

入耳：学会有逻辑地表达，深化听众的记忆

我在给演说家做培训的过程中，每次都会让学员做现场演说，后来我发现，每次点评时我几乎都会讲到的一句话是：演说中处处都是重点，结果就是没有重点。

太多初学演说的人犯了一个共同的演说大忌，就是滔滔不绝，想表达的太多。

演说中不宜有过多的重点，简单聚焦才容易让听众记住，才能够引发后续传播。很多人觉得演说家特别有风采，演说一气呵成，那是因为逻辑是贯穿着整个演说的主线，主线早已布好。所谓"草蛇灰线，伏脉千里"，你所有的语言都要有来历，有着眼点，而不是杂乱无章地想说什么就说什么。

口语表达之前需要设定一定的记忆逻辑，对某些演说来说，观众记忆的逻辑就是你演说的逻辑。演说的逻辑要通过内

容组织的顺序来体现，要让听众一听就懂，一听就明白，一听就记住。只有一听就懂，一听就明白，一听就记住，对听众的帮助才会更大，也更容易让听众去使用和传播。

比如，演说“商业真经”中关于学习的内容，我就梳理出了一个简单清晰的逻辑：

一大方向：向当下最有成果的人学习。

两大核心：学以致用，触发行动。

三个阶段：向古圣先贤学习，向天地万物学习，向内心深处学习。

四重境界：困而不学，困而学之，学而知之，生而知之。

五大功效：改变思维，打开视野，放大格局，提升境界，倍增能量。

六大通道：读万卷书，行万里路，交万方友，阅人无数，名师指路，直接进入。

这样，听众就容易听懂，也非常容易理解和记忆，也就很容易传播。

演说要有强大的逻辑，但演说的强大的逻辑也是演说家持续不断修炼的结果。

一般来说，在撰写演说稿时，你可以用如下的设计法则来梳理写作逻辑：

黄金圈法则

黄金圈法则是演说中最常用的结构。

所谓黄金圈，顾名思义，指的是三个套在一起的圈。美国演说家西蒙·斯涅克，最早在一次 TED 演说中提出了这一法则，指出人们在沟通的过程中，可以通过 WHY（为什么）、HOW（怎么做）和 WHAT（做什么），这种一层一层由内至外的结构顺序，来阐述你的动机或愿景。

黄金圈法则是一种很实用的思维模式，当然，它和我们通常采取的思考方式相反——我们以往都是从最外面的圈层 what 开始，先思考事情是什么；然后进入中间的圈层，也就是 how，如何做；最后进入最里面的圈层 why，为什么我要做这件事。

而黄金圈法则的思考顺序是“由内而外”，按 why—how—what 的顺序进行思考。你明确了自己的目的，并且阐述清楚你在行动过程中采取的办法及你具体所做的事情，这样才更能激发人们的热情。

比方说，我们要介绍一家企业。

首先，从最内圈说起。通过“为什么”，来阐释它存在的价值——这家企业的愿景是什么？它的独特性是如何展示出来的？其次，从第二圈层来看，这家企业是如何在竞争中找到自己的差异性优势的？它的产品与同类产品相比，独到之处是什么，产品给用户带来的惊喜是什么？

最后，从最外圈来说，这家公司到底在做什么？将这家公司经营的业务进行规范性的介绍，那么听者就会对这家企业有个清晰的印象。

又如你要介绍某个产品，你一上来就告诉用户你的产品的结构是怎样的，是如何生产出来的，性能到底如何，这其实很难打动人。比起“是什么”，更容易激起用户购买欲的是“为什么”——我为什么需要它。

所以，乔布斯曾经在宣传 MP3 时说“把 1000 首曲子装进你的口袋”，这就比“它拥有 5G 内存”更容易打动用户。

先唤醒用户的动机，再跟用户解释如何用，接着再介绍你的产品到底是怎样的，这更容易激发用户的热情。

当你介绍企业时或者在项目的演说中，可以利用黄金圈法则。这样的演说结构让听众听完，一定会对你介绍的内容有更清晰的了解。

P-R-E-P 法则

一篇好的演说稿，就像一栋摩天大楼，好的结构会让演说兼具美感与力量。

P-R-E-P 法则是一款百搭的演说结构，名字看起来很高端洋气，其实遵循的是我们从小写作文的时候，老师们口中的总——分——总结构原理。

具体来说，P 代表 Point，观点；R 代表 Reason，理由；E 代表 Example，案例；P 代表 Point，再次总结强调观点。

在演说中，使用 P-R-E-P 结构的关键是：

首先要“直给”，要马上给你的观点，犹如给了听众一个导航图。

其次，简明扼要，给出两到三个理由。

案例部分最好讲自己的经历和故事，当然，除了自己的故事讲起来自己会很“顺口”，还要考虑听众的代入感，要能使听众产生共鸣。

最后再次强调你的观点。

比方说，我们要介绍一本书。

首先，开门见山。表达“每一个人都应该读一读《掌控演说》”。

其次，给出理由。第一，演说能力是当下关乎个人前途和命运的关键能力。第二，作者是实战派人士，是扎扎实实做了超过 5200 场演说的专家。第三，有人用过作者的方法练习，从不善言辞到成为超级演说家。

再次，给出案例。可以结合之前提到的要点，讲出生动的故事。

最后，再度强调论点：想要你的未来更顺利，《掌控演说》不可不看！

金字塔法则

除了黄金圈和 P–R–E–P 法则，第三种常见的表达结构是“金字塔法则”。

与 P–R–E–P 法则类似，金字塔法则也包括四个层面的内容，分别是“问题—原因—对策—结果”。

首先，简明扼要地概括当前出现的问题，或者现象。

比如，“我从不敢在公众场合演说，导致领导力欠缺。”

其次，分析出现这一问题或者现象的原因。

“我不敢在公众场合演说，一方面是因为不懂得演说技巧，另一方面是不爱学习。”

找出解决这一问题的对策。

“为了提升领导力，我决定积极学习演说技巧，勤加练习，主动寻求反馈，并不断改善。”

概括对策产生的相应结果。

“通过不断学习和练习，我的演说能力有了很大提升，领导力显著加强。”

在公司会议、报告、讨论、发言中，采用“金字塔法则”，有因有果有方法，会让你的演说大放异彩。

河流沟通法则

我有时候会听其他行业的朋友讲一些他们专业领域的事情，常常会遇到两种情况。一种是对方讲了很多，但我根本不记得他讲了什么；另一种是对方能够讲得很简单，很有意思，让我这个外行人一下子就听懂了。

在演说中，或者在产品发布会上也会遇到这种情况。比如你要给听众介绍一个新产品，或者一种新理念，听众可能一下子没办法进入状态，因为他没有接触过你说的某个概念、某种理论。这个时候，你如何让他清楚地知道你要说什么呢？

答案就是，用对方能理解的逻辑去说服他。这里我想跟你介绍一个好用的法则——河流沟通法则。

河流沟通法则最初是由日本著名沟通大师斋藤孝提出的，通常用在跟别人解释某个概念时，可以让他对你要说的事情有新的认识。

什么叫河流模式呢？

假如你和某人分别在一条比较浅的小河的一边，为了让对方来到你这边，你会怎么做呢？

最简单的方法是在这条河流中放入几块垫脚石，让对方踏着垫脚石顺利地走过来。

我们不妨把上面这个场景，想象成你和别人进行交流时的场景——这里的“河流”就好比你和对方之间的隔阂，这些隔阂包括知识隔阂、信息隔阂、情感隔阂，等等。而垫脚石就是可以让对方和你顺利建立沟通的基础。

这个河流模式的概念，我觉得其实也出自我们中国，因为古代的“沟通”一词的本意，就是指“挖通河沟使河水畅通”。

而“河流沟通”模式中的“垫脚石”，就相当于一个铺垫，能够消除演说者和听众的诸多隔阂。

沟通中如何运用垫脚石？我自己也总结了一些经验：

1. 从简单的信息说起

你要跟别人介绍一个比较难的概念，你肯定要从最简单的部分开始。从对方最容易理解的点来切入。比如你要跟一个小朋友讲爱因斯坦的相对论，那么肯定要先从简单的物理知识说起，你不能一上来就说很深奥的理论。

2. 用动人的故事进行阐述

很多时候，在我们沟通之后对方告诉你的数据和理论你可能不记得了，但你会记得故事。所以我们要学会跟别人讲故事，用故事帮对方梳理逻辑。关于如何说故事，我在后面的内容中会重点提到。

3. 巧妙转移矛盾点

在遇到某些不太好正面回答的问题时，可以运用这个方法。

我经常去学校演讲，我发现现在的学生思想越来越活跃，他们提出的问题也千奇百怪。

很多学校的老师也都遇到过这种情况，被刁钻古怪的问题困住，下不来台。有些学校老师也向我请教过该如何应对这种情况。

我通常会建议他们，如果被问到了无法解答的问题，一般可以先夸提问者一句："你的这个问题问得很好，超出了我们的书本知识范围，有其他同学知道这个问题的答案吗？"这样一来，对提问有所了解的同学都会踊跃发言，课堂气氛也活跃起来了。

4. 以对方的视角和逻辑阐述问题

不管你要讲什么，最好都要提前考虑对方的感受，站在对方的角度体会一下他的心理需求。比如，你跟小朋友讲某个道理，用大人的逻辑来循循善诱地讲可能很难有效果，这时你可以用他最喜欢的卡通人物来作比喻，他很容易就能接受。

以上我从结构和内容细节的角度分享了四种演说法则，这只是抛砖引玉，我相信实践出真知，你通过自己的体会，一定能总结出更多、更好的经验。

入脑：用好的故事，让听众身临其境

一个面试被拒 30 次的英语老师，如何变成一个公司市值超过 4600 亿美元的商业巨头？一个在车库创业的企业家，如何举办了商业史上最具突破性的产品发布会？

马云曾经在演说中说过："要让天下没有难做的生意。"

乔布斯曾在演说中说过："活着就是为了改变世界。"

这两位商界的天之骄子，都是说故事的高手。

荀子《劝学》里有这样一段话："吾尝终日而思矣，不如须臾之所学也；吾尝跂而望矣，不如登高之博见也。登高而招，臂非加长也，而见者远；顺风而呼，声非加疾也，而闻者彰。假舆马者，非利足也，而致千里；假舟楫者，非能水也，而绝江河。君子生非异也，善假于物也。"

也就是说，把工具用好是一个人能够超越常人的本领。

而演说家所使用的重要工具就是故事。世界上比较容易的赚钱方式是什么？就是在家编故事，出门讲故事，见人卖故事。

很多时候，我们说上几小时的大道理，也远不及讲 10 分钟的故事更容易打动听众。好的故事能让你的演说词从“有道理”，变成走进对方心底的“名片”。

会说故事，在生活中、工作中也是必备技能。比如在和客户对接，展示提案的时候，如果我们只讲数据和方法，对方多半将信将疑，但是若我们加入一些案例和故事来进行阐述，那么就会更容易打动对方。所以，营销类的公司特别欢迎会说故事的人。

更不用说演说家了。会说故事，在演说时才能言之有物，绘声绘色。

演说家对故事的运用要兼顾扮演三大角色：

第一大角色，是编剧。演说家要能创造故事，善于把生活中的所见所闻、所思所想变成自己的故事素材。

第二大角色，是导演。演说家要能精心布局，学会设计故事，要把故事讲得更动人，使听众关注的点尽在设计当中。

第三大角色，是演员。演说家本人要入戏，好的演员就是要演什么，像什么。演说家讲故事的时候，要足够投入和忘我，以此带动听众的情绪。

什么样的故事才是好故事？

无论是商业演说，还是聚会闲话家常，把故事讲好，才会有听众。在演说中，观点往往包裹在故事中。一个精心构思的故事，会使听众与你产生共鸣，赋予演说超乎寻常的影响力。

演说要会讲故事，找到好故事的演说才是好演说。有初学演说的人常常会问我："老师，我没有你那么精彩的故事怎么办？"

我首先要给他的是信心，让他明白人生所经历的一切，都是生命中很棒的故事。只不过编写好的故事需要你从人生经历中去提炼精华、亮点，去润色、修改、修饰，去升华你的情感和结论。

那么，怎样的故事才是能吸引听众的好故事呢？我总结了好故事的"六大要素"和"八大关键"。

六大要素

首先，好故事有六大要素，抓住这六大要素，你就能说出生动的故事。

1. 主题明确：干啥吆喝啥

谨记自己讲故事的目的，你要表达什么，就围绕什么去设计故事，不要东扯西拉、连篇累牍。你不但要把故事讲好，更要用生动的故事来表达自己的观点，让你的故事和主题保持紧密的相关性。

当然，主题明确并不意味着过分简洁。一般而言，含义隽永、曲折动人的故事比简短乏味、情节单调的故事更能给听众留下深刻的印象。所以，你在讲故事的时候，要尽可能地去掉琐碎的铺陈，但要保留故事的亮点，让你的故事更加精彩。

2. 内容新颖：熟悉的陌生

既要注意选取大家都能懂的、贴近公众认知的故事，又要注意不要讲老旧的、世人皆知的故事。这就要求我们不能拘泥于故事的原型。很多人习惯把同一个故事在不同的场合对不同的人讲很多遍，但我个人不是很赞同这种方式。你不妨想想，如果你每次都一字不落地从头讲到尾，那和背诵又有什么区别呢？自然很难打动别人。

即使是同一个故事，也应该有相应的变化，在不同的情境下，面对不同的听众讲时，也应该根据当时的情况进行再加工，让这个故事更新颖。

3. 以小见大：一沙一世界

讲故事不要总想着从大处着手，小故事更容易打动人，因为小的故事更贴近听众的生活，更容易引发共鸣。所谓以小见大，见微知著，“小”中方能看到大世界，收获大智慧、大视野、大发展。

4. 通俗易懂：地球人都明白

唐代诗人白居易的诗歌就以平易近人、通俗易懂而著称。据说，如果他创作的一首诗他的仆人不能理解，他就会将其重新打磨一遍。他的诗歌甚至在日本也非常受欢迎，就是因为这种人人都能读得懂的通俗性。

演说家在讲故事时也是如此，千万不要故作高深，讲一些大家需要反复听才能理解的典故和案例。演说是即时性的，听众听一遍就过去了，如果你讲得太晦涩，听众会跟不上，自然无法进入你预设的情境中。

演说家在设计演说稿时一定要注意，把故事写得更接地气。

5. 身边的人和事：现身说法

有时候我们会习惯举一些名人的例子，这当然也很好。但如果你在名人的故事后面，再进一步列举普通人的案例，则更能打动听众——它就像发生在听众身边的一样，会让听众更有代入感。

6. 原汁原味：和真的一样

不要讲虚无缥缈的故事，而要讲真实的、可信度高的故事。我在演说时分享的基本都是真实事件，因为我自己相信，听众才会相信。

八大关键

除了“六大要素”之外，我还总结出了讲故事能感染人的八大关键要素：

1. **亲眼看到**
2. **亲耳听到**
3. **亲身经历**
4. **切身感受**

以上四点，都说明真实的故事是最容易打动人的。

松下电器的创始人松下幸之助曾经说过：“在这个世界上，我们靠什么去拨动他人心弦？有人以思维敏捷、逻辑周密的雄辩使人折服；有人以声情并茂、慷慨激昂的陈词动人心扉……但是，这些都是形式。我认为在任何时间、任何地点，去说服任何人，始终起作用的因素只有一个，那就是真情实感。”

成功的演说也是如此，它离不开饱满的情绪、缜密的思维、精彩的语言、铿锵的语调，但最不可少的，还是动之以情。

5. 描述细节

于细节处见真知，细节描述得动人，故事才切实感人。

6. 呈现情景

把听众带入情境中，让听众有身临其境之感。

7. 表明观点

你的故事是要有立场的，而不是毫无目的性的。演说家的故事不是用来娱乐大众的，而是用来启发大众的。

8. 讲出令人“哇”的一声感叹的故事

精彩的故事往往会带给人深刻的道理，让人有恍然大悟之感。

如何找到好故事？

在了解了以上讲故事的基本原则之后，接下来我想跟你分享的是讲故事的具体技巧。

我们的大脑天生喜欢听故事，特别是白手起家、亲身经历、充满波澜、有说服力的故事。那么，到底怎么才能找到一个好故事呢？

故事是用来制造共鸣的

人们关心一件事，一定是因为“与我有关”。演说者只有将故事内容与听者生活、工作场景产生强关联，对方才会有兴趣听下去。

而共鸣，就是让听者通过聆听演说者故事中的经验，从中找到与自己生活经历相契合的部分的过程。当这样的共鸣累积得越来越多时，演说者与听者间的沟通也就变得更顺畅。

演说者可以着重通过加强打造情绪、联系、压力、情结、落差 5 个要素引发听者的共鸣。

首先是情绪。因为情绪的传导是演说现场独有的感染力，会唤醒听者。

其次是联系。联系，也就是演说的内容要唤起听众将演讲内容加工成自己的故事。

再次，是压力。就像动力的弹簧，让听者参与对抗之中。也就是说，你讲的故事不能太平淡，而是要有足够的张力，要给听众带来一定的冲突感，比如急迫感、紧张感、激动感等。

情结则是唤醒脑海中的印象，因为人们相信自己愿意相信的内容，所以很多时候，这种方法会产生强大的效果。

最后是落差。落差是给听众带来一种巨大的心情起伏，制造演说的震撼的感觉。

好故事的基本公式

好故事有一个简单的公式：好故事 = 主角 + 目标 + 起伏 + 冲击结尾。

首先，好的故事中，主角必须突出，自带光环，从而让听者从头到尾追随他的经历主线。

其次，目标是驱动主角前进的动力，主角有了目标，也就等于听众有了目标，也就有了引起共鸣的可能性。

再次，要有起伏。故事一定要跌宕起伏，才能牵动听众的情绪，让他们入戏。

最后，要有冲击性的结尾。演说家带领主角克服艰险，排除万难，才能让听众长舒一口气，产生积极正面的体验。

好故事的基本元素

一是要有完整的情节和中心主题。好故事的情节一定不是随意发展的，故事本身一定是经过精心挑选和安排，最后能呼应主题的。

二是要有真实度和可信性。这里我尤其要强调的是，好故事的“真实度和可信性”，并不是说这个故事要完全还原真实，而是说，在听众的情绪接受方面，这个故事是符合人的情感规律的。当故事设计符合人物情感规律的时候，孙悟空也会让人觉得是真实存在的，而不符合情感规律，再真实的故事，听众也会以为是假的。

三是要有悬念和趣味性。好的故事既要生动有趣，又要设置悬念，比如《一千零一夜》，就是一个又一个的悬念，大故事套小故事，制造出了强烈的吸引力。

四是简单的结构和复杂的情节。故事的整体结构必须简单易懂，情节又必须足够繁复勾住听众。

具备了以上四种元素，当你在演说中讲出了这样的故事，你的演说就绝不会让人觉得了无生趣。

每当你写出一个故事，也可以用上面的标准去检验一下，看看你的故事是否还有可优化之处。

学会讲“我”的故事

在所有的演说故事中，最重要、最打动人的故事，莫过于“我”的故事。

在“我”的故事中，浓缩了你一生的智慧，你所遇到的人，所做过的事，所到过的地方，所体验过的感受。所有的这一切，都会拉近你与听众的距离，让他们快速了解你、信任你。

如何在演说中讲好“我”的故事呢？大家可以从两个维度入手：

第一，解决你是谁的问题。

其中，最重要的是突出你的特点，你的天赋，你独特的人生经历、体验和故事。你的故事要足够“人格化”，要让听者通过你的故事记住你，让你在他们的心中变得与众不同。

第二，解决你为什么站在这里的问题。

其中，可以讲讲个人曾经走过的弯路，犯过的错误，放下心结的心路历程。这样不但使得故事有出其不意的效果，还会给听众留下真诚的好印象。

演说中，讲好“我”的故事，会让你快速与听众建立联结。

准备一个故事的万能公式

很多人觉得，把我想说的都说了，就是演说。

其实不然。真正的演说，一定不是自说自话，而是把自己想说的东西，用听众爱听、听众听得懂的方式传达出去。

什么样的表达方式，听众爱听，又听得懂呢？还是讲故事。

这里，我要给大家介绍一个讲故事的万能公式：

演说故事＝人物＋挫折＋成功＋更大的挫折＋高潮＋结局。

比如乔布斯的故事。

第一，乔布斯是一个志向远大的人。

第二，主人公遇到了小的挫折：母亲未婚生子，主人公自小被过继给养父母。这些小的挫折能够拉近和普通听众的距离，主人公并不是一个高高在上，离人间遥远、不知民间疾苦的人。

第三，主人公开始取得了成功。乔布斯在自家车库，创造出世界上最早的个人计算机——苹果一代。

第四，更大的挫折来临。乔布斯出任董事长，迎来人生巅峰的时候出现意外，好友离开，乔布斯被逐出公司。

第五，高潮来了：没有乔布斯的苹果公司陷入困境，主人公临危受命，整顿苹果内务，创新理念和设计。

第六，乔布斯成为公认的改变世界的人！

打磨讲故事的语言

只懂得了讲故事的秘密还不够，讲故事的时候还要具备生动的语言能力。

我在之前说过，一场好的演说，就像一次完整的计算机信息交互传递：输入代码，硬盘存储，适时输出。演说就是把我们过去吸收储备的知识在必要的时候表达出来。

演说的本质是“输出”。而好的输出有三个衡量标准：观众愿意听，听了记得住，记住了便于传播。要想满足这三个标准，离不开我们平时日积月累的输入和存储。

你可以有意识地收集你觉得能够打动人的故事，同时，也要经常练习如何把这些故事打磨得更动人。同样一个故事，一百个人就有一百种不同的讲法，有的平淡无奇，有的扣人心弦。所以，每找到一个故事，你都可以反复地思索，看看是否能把它“加工”得更新鲜有趣，打造成属于你自己的故事。

搭建属于自己的“故事库”

最后，你要给自己搭建“故事库”，你要对自己的故事库了然于胸，无论在什么场合，面对什么人，都能随时筛选出最合适的故事来用。

在故事库中，你至少要有这九大类好故事：

1. 我的故事。
2. 我们的故事。
3. 发自内心的故事。
4. 对听众有帮助的故事。
5. 听过就难以忘怀的故事（有同感，有深刻的启发和意义）。
6. 身边人的故事。
7. 名人、伟人的故事。
8. 与听众有关的故事。
9. 感动自己、震撼听众的故事。

要想搭建故事库，就要求你在生活中做一个有心人。你不妨像一些作家一样，准备一个小本子，或者在电脑里专门用文件夹将故事分门别类，只要遇到合适的故事素材，就写进文档，存储进去。之后，至少每一周都要将这些故事重新熟悉一遍，方能做到信手拈来。

入心：打造完美的开场、内容、结尾

演说就像练字，字里行间要讲究力度和结构。结构对了，字才会好看，演说才能经久流传。

一场完整的演说，基本都可以切割成三大板块：开场、主体和结尾。

从时间分配上来看，大家要记住经典的“二八法则”：开头和结尾占据总时长的 20%，主体内容则占总时长的 80%。每一部分具体时长依据演说实况而定，可以上下浮动。

从内容特质上来看，大家要记住三个要点：开场要出其不意，要有吸引力。内容要丰富饱满，逻辑清晰。结尾则要精悍凝练，耐人寻味。

一场好的演说中，开头和结尾虽然用时不多，但对演说效果影响巨大，需要大家格外注意。

开场、主体、结尾；

虎头、猪肚、豹尾；

学会把握结构，你的演说将会更上一层楼。

开场的秘密

好开场的重要性

英国形象设计大师罗伯特·庞德有一句名言：“这是一个 2 分钟的世界，你只有 1 分钟给别人展示你是谁，另 1 分钟让他们喜欢你。”只有给人们留下了好印象，你才能开始第二步。

这一设计界的标杆，在演说界同样适用。

在演说的过程中，很多时候，开场 30 秒，甚至就已经决定了整场演说的成功与否。

好的开场，至关重要。然而，在现实的演说中，很多演说者往往把全部精力倾注在内容上，却忽视了开场。于是，有些人一上台就立刻进入深奥的内容，令听众听得云里雾里。

还有些人上台后一顿尬聊，一下子就降低了听众心中的好感度。如此一来，你的演说注定会失利。

下次演说时，请记住，设计一个好的开场白，好的开场会帮助你快速获得听众的注意力，引他们入戏，并且让观众从一开场就喜欢你。

活跃气氛

在演说中，一个精彩的开场，离不开轻松愉悦的气氛。开场最重要的是氛围，如果一开始就冷场，会消解你的自信，并且给整个演说过程定下一个冷清的基调。

如何有效地活跃气氛呢?

最简单的办法是，开场时，建立与听众之间的互动。

比如，准备几个人人都有兴趣回答的提问，提供一些小的奖励调动大家的参与感。

又如，准备几个大概 80% 的听众都会笑的段子。

笑是人类的通用语言，能够缓解所有消极的情绪。所以，以笑开场，能够快速地让气氛活跃起来。

最后，大家可以在日常生活中，多留心积累活跃气氛的营造方法，不断练习，从而提升快速暖场的技能。暖场成功了，气氛到了，演说自然水到渠成。

设计开场白

好的演说开场方式有很多。

1. 一句话开场。

记住开场的核心："破冰""暖场"。

比如萧军在第四次全国文代会上的开场白："我叫萧军，是一个出土文物。"这简短的话，就包含了多种感情：辛酸、自豪、幸福、憧憬……他又以幽默的自嘲来表达，活跃了气氛，又倾吐了自己的真情实感。

2. 名人名言开场。

记住，挑选的名人名言一定要与演讲主题相符合。

3. 发问开场。

演讲就是一问一答，发问让听众思考，激发听众的渴望，让听众快速进入状态。

4. 游戏开场。

互动、参与可拉近与听众的距离。

5. 笑话开场。

在用笑话作为开场白时，一定要注意选择与主题或者你个人相关，并且无伤大雅的笑话。

6. 故事开场。

用故事开场，引人入胜。

故事有我的故事、我们的故事、名人的故事、伟人的故事、身边人的故事、众所周知的故事……这个故事是经典的、是拿手的，跟我的演讲主题有关。

7. 诗歌散文朗诵开场。

8. 借助“道具”开场。

我的道具可以震撼听众，让听众耳目一新。比如，当我讲到“有一本书，我反反复复地读了18年”，我在现场拿出了这本书，这就非常有说服力。

9. 歌声开场。

可以演唱一首你最有感觉、最符合当时场景的歌。

10. 舞蹈开场。

以上10种开场方式中，我给一句话开场、发问开场、故事开场的运用分别举三个例子。

1. 一句话开场

某次，演员张卫健一上台张口便念了一段台词：“我是如来佛祖玉皇大帝观音菩萨指定取西经特派使者花果山水帘洞齐天大圣孙悟空。”

末了，还煞有介事在结尾加了四个字，“帅到掉渣”！

几乎在一瞬间，所有的听众都笑了起来，响起了热烈的掌声！

后续的演说内容，被他很好地引爆，因为他一开口，就突破了观众的心防，赢得了观众的喜爱。

张卫健的演绎，堪称演说中经典开场白的典范，也充分展示了在演说中引用经典语句的魅力。

多留心，多积累，打造属于你的经典开场白。

2. 发问开场

发问开场也非常有意思，通过向听众抛出问题，开始一整场演说。

这样一种开场方式，会有哪些好处呢？

首先，一旦演说者抛出问题，会快速地把听众的注意力转移到讲台上，进而把焦点转移到演说者身上。

其次，问题的提出，会引发听众主动思考，勾起他们找到答案的欲望，从而快速进入状态。

再次，提问的方式，把单项的输出变成双向的沟通，让听众参与进来，演说主题更容易深入人心。

这样一种开场方式中，要注意哪些问题呢？

1. 问题一定要精心设计，要切合主题，避免问题、主题两张皮。

2. 问题一定要层层递进，要拿捏有度，不能太浅也不能太难，答案既要多元，又要有深浅。

3. 问题要激发听众的渴望，一个好的问题，会成为好演说的点睛之笔。

4. 所问的问题要给听众带来好处。

3. 故事开场

关于故事开场的方式，我举个自己的例子。

“曾经，有一个少年，生长在深山。在他的生活里，除了下田劳作，再也没有其他消遣。有一天，和父亲劳作完，他躺在田埂上休息。掏出偶然得到的一本诗集，读着自己最喜欢的那首诗，看着头顶辽远的天空，他突然决定，不再把生命局限在田间，而是要闯出属于自己的一片天。就这样，他走出了人烟稀少的四川大凉山，克服重重困难，创办了如今的巨海集团。他想起当年求知若渴的自己，于是资助了成百上千的贫困大学生，并且计划捐建 101 所希望小学，现在，他已经成功建成了 12 所。”

有的故事打动了你，有的故事让你觉得平淡无奇。在演说的开场中，一个精彩的故事，可以引人入胜，为接下来的主题奠定基调。

那么，什么样的故事更适合用在开场呢？

一不要太长，精悍短小为佳。

二要有深度，引出主题为佳。

三要有趣味，打动听众为佳。

学会以故事开场，成功演说不是梦想。

内容的秘密

我致力于演说事业18年，做了超过5200场公众演说。我演说的内容包罗万象，在对听众产生的巨大影响的基础上，我结合自己的三个演说主题，分享我个人关于选择演说内容的三个秘密。

第一个秘密：用你的初心点燃听众

我做关于捐建希望小学的演说时，现场听众总是听得热泪盈眶。

我认为做演说并不是为了让听众落泪，更不是为了自我吹捧。我希望演说结束时，能让听众产生新的改变，对他们进行深层次的引领。

这种深层次的引领对听众产生的影响，比一时的感动对听众更加有益。

但是听众落泪了，毋庸置疑，这是一个非常好的信号，这证明一场演说从情感上打动了对方的心。

从我第一次讲，到现在讲了 10 场，有些在场的学员自己都听了 10 次，依然会动容。

在这个演说中，我要分享关于内容的秘密就是：永远不要忘记你的初心！

关于希望小学，我讲 1 遍、10 遍、100 遍、300 遍……讲 1000 遍永远都会像第一次那样有热情！

当你的心是这样炽热的，听众自然会被打动！

第二个秘密：先比听众感动 1 万倍

有位资深演员说，如果演员想要观众被自己的哭戏感染，在拍戏时他就要感受到 100 倍的伤心。演说也是一样的，如果你想让听众在听你的故事时被感动到，那么，这个故事给你带来的感动可能要是 1 万倍的。

如果说我的人生中有一场我永远也无法冷静的演说，那么这场演说一定是讲到我父亲的故事的那一场。

2004 年 1 月 4 日，当我出来打拼 3 年后，老家母亲打来了一通电话。那时我们村里没有电话，母亲要从家里走差不多 12

公里，到我小姑家去打。

打通电话之后，母亲没有讲话，叫了一声我的名字，然后泣不成声，我就知道家里面一定发生了什么事情。一分钟之后，母亲说父亲帮别人修房子，从二楼摔下来，可能摔断了肋骨。即便这样，父亲还不让母亲告诉我，怕我在外面担心。

当听到这件事情的时候，我记得特别清楚，那是1月4日，我站在我住的小小的出租屋的窗口，眺望窗外，天空下着蒙蒙细雨，一瞬间，我的泪水就控制不住地流了下来。在过去的三年中，我遇到过很多问题，很多困难，很多挫折，很多挑战，我从来没有流过泪，但当听到我最爱、最尊敬、最敬畏的人——我的父亲从楼上摔下来受伤的消息后，我的泪水再也控制不住了。

我第一时间买了火车票，草草地收拾了行李，从绵阳回老家。坐了12小时的火车，回到老家，我发现父亲没有去医院，而是躺在家里的床上，我问父亲为什么不去医院。父亲说："没事，吃点消炎药，贴贴膏药就好了。"

我感到既悲伤，又无奈——都这么严重了，怎么还不去医院？！

后来知道，父亲是怕花钱。我说："其实，你帮别人盖房子摔下来了，按道理别人是可以负责你的医药费的。"

父亲说："这点小事情就不用麻烦别人了。"

我觉得父亲身上的一种品质——永远都为别人着想，为别人考虑，真的是我们一辈子要去学习的。

第二天早上，我把牛牵到山上吃草。我们村的一个伯伯也在放牛，就跟我聊了起来。他问："你知道你父亲为什么不愿意去医院吗？"

他告诉我，他听我母亲说家里面还有三四千元钱的存款。之所以不愿意去医院，是因为怕把这个钱花了以后我就没钱娶媳妇了。

听到这句话，我几乎是号啕大哭。为了我的未来，为了我的人生，父亲可以忍受一切疼痛，所以我觉得这是真正伟大的父爱。

所以，那个时候我就暗自发誓：我一定要更加努力，早一点成功，让爱我的人和我爱的人早点过上幸福的生活，不再为金钱发愁。

第三个秘密：永远要言之有物

2018 年，我第一次受邀去波司登做演说，对波司登的员工进行培训。在我做过演说的客户中，波司登是体量很大的一家企业。这家企业已经有 43 年的历史，并且是一家百亿级的民营企业。

波司登邀请我演说最主要的目的，是让他们的企业文化能够有效地传递和渗透下去，唤醒员工们内在的动力，并且由我来帮助董事长传达新的战略目标，让大家心底燃起强大的使命感。

我在 2017 年 12 月收到波司登的演说邀请，之后，我花了超过 4 个月的时间去做准备。

第一，我去了解波司登的企业文化发展史，查阅了他们大约 120 万字的资料，以及我能找到的所有和波司登相关的书籍。

第二，我与波司登董事长高德康、波司登执行总裁梅冬做了两次每次 4 ～ 5 小时的深度沟通和交流。

第三，我对他们的人力资源部、培训部做了一些培训需求的调研。

4 个多月之后，在 2018 年 4 月，我面对波司登 2100 多位中高层管理干部，做了两天一夜的企业培训，企业员工满意度非常高！

这也是我人生中这么多场演说最震撼、最不可思议的一场演说，这场演说的成功源于我事无巨细的准备与用心的积累。

结尾的秘密

好结尾的重要性

俄国大文豪契诃夫曾经说过：“谁为剧本发明了新的结局，谁就开辟了新纪元。”在一场演说中，听到一个好的结尾，就像品尝一杯香茗，令人回味无穷。

演说中，什么才是好的结尾呢？

我认为，一个好的演说结尾，应当满足以下三个标准：

第一，从内容上来看，要能揭示主题，加深人们对问题的认识。

第二，从结构上来看，要能统括整个演说，要与前文浑然一体不突兀。

第三，从效果上来看，要能调动听众的情绪，促进人的觉醒，起到启发和教育听众的作用。

一个出人意料、耐人寻味的好结尾，一定会为你的演说锦上添花，为听众带来精神上的愉悦和满足。

给大家分享三种结尾方式：

总结归纳式

编筐编篓，重在收口；描龙画凤，难在点睛。

好的演说，离不开引人入胜的开头，也离不开耐人寻味的结尾。

我推荐一种常用的演说结尾：总结归纳式结尾。

简单来说，就是在演说的结尾，用极其精练的语言，对演说的内容和主题做一个高度概括性的总结，从而起到突出重点、首尾呼应和画龙点睛的作用。开场、内容、中心，这几个点都有，这场演说的整体感也就有了。

如何在演说中给出一个总结式收尾呢？

第一，注意演说的逻辑结构。参考前面所讲的总——分——总的表达结构，培养总结概括能力。

有一些简单的句式可以参考，比如，“最后，我想提醒大家……”“最后，我要求大家……”“我建议大家……”。

第二，重复和强调。加强语气、重复主题句，并强调演说的特别之处。

这里需要注意一点：使用总结归纳式结尾强调主题的同时，不要加入新的观点或概念，避免给听众带来新的理解负担。

引经据典式

引经据典，是另外一种常见的演说结尾。言简意赅的表达，是升华演说、传达思想的绝佳手段。

所谓引经据典式结尾，就是在演说中，以名言警句、谚语俗语、诗词歌赋等作为结尾。这样不仅会让我们的表达更富节奏和韵律，还会为演说增添活力和感染力。

引经据典式结尾的经典例子，莫过于1993年狮城辩论赛中，复旦大学蒋昌建在结辩陈词中那句“黑夜给了我黑色的眼睛，而我用它来寻找光明”，他也因此获得那届辩论赛的最佳辩手称号，他的讲话风格，甚至影响了一批人。

当然，恰当的引用离不开大量的积累。

一句发人深省的经典语句，是演说结束时演说家送给听众最好的礼物。

共鸣呼吁式

在演说时，调动听众的情绪是至关重要的，尤其在演说的结尾。

听众在听演说时，大脑除了会在认知层面对你传达的信息进行分析之外，还会在感性层面进行判断。如果你讲的内容能够引起听众情绪上的正面反馈，那么你的演说就成功了大半。

比如，你在讨厌某个人，对他有负面情绪的时候，他说的话你一句都听不进去，但当你被某个人感动，因他产生了正面情绪时，无论他说什么你都愿意倾听。

所以，作为演说者，你要学会通过“共情”来与听众建立心理上的联系。

美国前总统亚伯拉罕·林肯在葛底斯堡发表了他一生中最著名的演说，演说结尾是这样的：

> 吾等在此责无旁贷献身于眼前之伟大使命：自光荣的亡者葬身之处吾人肩起其终极之奉献责任。吾等在此相信亡者之死当非徒然。此国度，于神佑之下，当享有自由之新生。民有、民治、民享之政府当免于凋零。

整场演说不足300字，占据不到3分钟的时间，结尾用3个排比句，铿锵有力地把“凡人生而平等”的理念灌入人心，激起了民众的情感共鸣。林肯的这次演讲也成为美国历史上最伟大的演说之一。

这里我想提到排比句式的好处。规整、有力的排比句能够让你的演讲内容更加有气势，能从很大程度上调动听者的情绪，更容易让听者产生共鸣。

所以，学会用整齐的排比句，也是演说家应该掌握的关键技能之一。

入神：用生命去演说

我常常对学员们说："好的演说不是演说家说出来的，而是用生命践行出来的。"

2008 年，汶川地震。为了筹集善款，新疆慈善总会主办了"跨越天山的爱·川疆连心大型义讲"。

当时需要演说家自理机票和食宿，发出邀请后，只有两位演说家到场。我是其中一位，另一位就是年近八旬的共和国演说家彭清一教授。

这次义讲为灾区募集到善款百万余元。

那次的演说对我来说，意义重大，我认识了对我演说生涯和人生产生了重要意义的恩师，也明白了好的演说是用生命去演说，去利于众生——当我们帮助人、影响人、成就人，发自内心地爱人的时候，我们的生命也就有了价值。

彭清一教授被誉为中国著名演说家，有一句话是他人生的写照，这句话也激励了无数的人：“一个人没有激情和热情是很难成功的。激情和热情是什么，激情和热情是一个人对工作、学习、生活高度责任感的体现。”

彭清一教授以身践行他的理念。

年少的他曾是一个孤儿，几经磨难终于成为新中国第一代舞蹈家。然而，命途多舛，55岁时，为了给青年演员做一个示范动作，他的腿受了严重的伤。正是这个命运的玩笑，让他与舞蹈从此无缘。

谁也不曾想到，他下了舞台，却登上了演说台，而且一站就是30多年。梦想的召唤，使他坎坷的一生不是充满苦难的回忆，而是他激情的源泉。

彭清一教授的演说如史诗般壮阔，排山倒海，气势恢宏，但又绝不是豪言壮语的堆砌，空洞无物的说教，因为他讲的内容是他用自己的生命和心体会出来的结晶。

他用真诚、激情、幽默、沉吟、呐喊来赢得在场每一位听众的心。他将深刻的人生哲理寓于丰富的、轻松的生活片断之中，使人感到回味无穷，给人以奋发向上的精神力量。

我从彭清一教授身上感受到的工作激情，也让我在工作中不知疲惫。我有一次一个月连续出差25天，飞往十几个城市去演说。没有周末、没有节假日，越是到了周末越要演说。我曾在一天之中开车1000多公里，经过3个省，从上海到浙江，从浙江到安徽。演说最多的日子里，我坐飞机到处去演说，曾一天转4趟飞机，飞4座城市。

我只要人在上海，几乎都是8点钟之前到公司上班。作为巨海掌门人，我更要努力拼搏，这样，我的团队也会积极！

我每天早上起床告诉自己：“我成杰看到、听到、感觉到，并深深地知道，我生命的目的就是成为拥有巨大影响力的领袖，并且要去影响、帮助、成就更多人的生命。”

当我疲倦的时候，连续讲10遍，就能马上浑身充满活力，拥有无限能量。

我的另一位老师李燕杰教授，他不但是演说家，更是一位教育家。李燕杰教授从1977年走出“象牙塔”登上社会演说的舞台以来，足迹几乎踏遍了“地球村”。几十年来，他开启了600多个演说专题，访问了880多个城市，其中在国外300多个城市进行过演说，累计演说达6000多场，现场听众逾500万人次。这些数字，目前还无人企及。

李燕杰教授曾代表党中央、国务院为海外留学生演说，他去过耶鲁大学、哈佛大学、牛津大学、剑桥大学、莱顿大学、鲁汶大学等顶尖院校。他被誉为中国跨行业演说第一人、真善美传道士、铸魂大师。

时代在变，李燕杰教授的演说主题也在不断变化：

1976年粉碎“四人帮”后，青年们需要走出时代困惑，所以他1976年—1980年这段时间的演说主题为“粉碎旧的枷锁”；

1981年—1986年，他提出了追求真善美，演说主题为“塑造美的心灵”；

1987年—1989年演说主题为“发扬拼搏精神”；

1990年—1992年演说主题为“迎接新时代的挑战”；

1993年—1995年演说主题为“投身改革大潮”；

1996年—1999年演说主题为“做时代的弄潮儿”；

在去世的前些年，他又一直在讲“国学智慧和力量”及“中国梦，我们的梦”。

可以说，他的演说主题紧扣着中国思想解放和改革开放的进程，从侧面反映了改革开放的景象。

演说的内容在变，但是传播正能量的主旋律始终不变。按照他自己的总结是：一定讲正面的，不讲负面的，不去指责别人、说三道四！

抛开演说家的耀眼光环，李燕杰教授还是一位孜孜不倦的教育家。他很欣赏这句话："人生不是一支短短的蜡烛，而是一支由我们暂时拿着的火炬；我们一定要把它燃得十分光明、灿烂，然后交给下一代人。"

李燕杰教授在讲到人与人的交往和合作中又讲了一句话："我们要成为天空的星斗，相互照耀，而不要成为沙滩的顽石，相互撞击。"

李燕杰教授本人就是用这样的精神来生活的。

曾经，有一位企业家，拥有120多项专利，却倒霉透顶，遭遇家庭变故，工厂也破产了。绝望的他守在李燕杰教授所在的大院门口，等了很久只为找到他请求其解惑。见到李燕杰教授，他的眼泪就哗哗直掉，并说："我一直做的都是好事，但是不得好报。我该怎么办呢？"

李燕杰教授安慰他："你手握120项专利，还有什么困难克服不了。你先回家，冷静下来，然后继续奋斗。"

他答应了，可是脚却未动，原来他兜里一分钱都没有了。李燕杰教授当下就把自己刚领到的1000元稿费拿给他作路费。后来，这位企业家解决了所有的问题，再来的时候带了一个特殊的拐杖感谢李燕杰教授。这个拐杖是他专门找了一块上好的花椒木，亲自手工打造出来的。

我想用这两位恩师的故事给所有学习演说的人分享一个真理：演说并不只是一门技术，演说家的价值就是要用生命、用一言一行去做有利于众生的事。

一个生命体有它自己所承载的能量场。有些人一见面你就会被他说服，一见面你就会喜欢他，一见面你就想和他合作，而有些人不管他跟你怎么谈，你都不愿意和他合作，这两种人的区别就是能量场不同。

水洗万物而自清，人利众生而自成。

生命的能量在于聚焦利众。

自私的人，生命能量脆弱，无法感染对方，会远离回避，从此一事无成。

利众的人，生命能量会因此强大，对人产生震撼，让他人心甘情愿帮助自己，伟业必成。

正如“为人民服务”“天下为公”两句话为什么会被人铭记？因为，毛主席和孙中山先生的发心都是普度众生，他们做的每一件事情都是利众利他的。这种发心使他们成为有影响力的人，成为一个内圣外王的人。

利众的核心，在于无私贡献。

这里的贡献可以分为四个层级：

第一层是对于家人、家庭、家族、家乡的贡献。

第二层是对公司、团队的贡献。

第三层是对社会、国家、民族的贡献。

第四层是对世界、对人类的贡献。

一个索取的人不会成功，一个付出的人不会贫穷。

北宋大儒张载曾留下“为天地立心，为生民立命，为往圣继绝学，为万世开太平”的名言，这四句话因其言简意赅、内涵深邃、思想宏大，而被当代哲学家冯友兰称作“横渠四句”，历代传颂不衰。

张载作为一名学者，他想的不是自己的名声和幸福，而是“天地”，是“生民”，是“往圣”，是“万世”，这就是利众。因为利众，这四句话才能广为流传，打动无数后世的人们。

我经常用来做朗诵素材的马丁·路德·金的《我有一个梦想》，也是利众的代表。这里的梦想，不是关于个人的利益，而是呼吁人人平等，为整个民族争取权益。因此，这个演说词才会感动世界上的无数人。

人生的价值在于付出，在于给予，而不是在于索取。当你给予得越多，你的生命能量就越大，演说的能量也会越大。

05

第五章

五大复制：
模仿优秀的演说家，实现自我超越

我见过很多优秀的演说家，他们看似不加雕饰的演说背后，其实都是精心的设计。

如何设计你的演说呢？你不妨从这些演说家的身上去学习，把经验“复制”下来，经过实践，变成你自己的实力。

站在巨人的肩上，才能看到更广袤的世界。

复制文字：让你的文稿触动人心

演说家除了自己要多练习，还要注意向其他优秀的演说家学习。优秀的演说者，都是从学习甚至模仿其他演说家开始的。

比如，我们所有的演说，都离不开或简或繁的自我介绍。

在演说中，一个无懈可击的自我介绍，会快速拉近你和听众的距离，从而让听众产生信赖感，让你从中获得自信。在一场好的演说中，精彩的自我介绍尤为重要。

初学演说的人，往往第一步就卡在自我介绍上，其实，自我介绍完全可以借用别人自我介绍的标准和技巧。

自我介绍可以分为以下内容：

1. 我的出生、家庭、环境。

2. 介绍我的老师或榜样。

3. 介绍我身边的朋友（我的合作伙伴）。

4. 我曾经获得过什么奖？取得过什么成就？我帮助、影响、成就过多少人？

5. 我未来的梦想、目标、计划。

好的自我介绍标准有二：

第一，好的自我介绍，关键不是让别人在最短的时间里尽可能多地了解你，而是在最短的时间让别人记住你。把你身上最突出的特质，用最特别的方式呈现出来。

第二，切记不要说太多，有些人推销自我时口若悬河，但往往多说多错，而且会让人觉得浮夸。你所有的介绍，要围绕着让别人对你产生信赖感的目标进行。

简单来说，一是让别人记住你，二是让别人信赖你。

一场好的自我介绍，话不在多，点到即可，重在独特。

通用型自我介绍文字模板内容如下：

打招呼，我是谁，我来自哪里，我从事的行业，我的人生格言和价值信念，送上对听众的祝福。

其中，在介绍这些内容的时候，要注意两点：

第一点，内容务必简明扼要，抓住要点，避免罗列。

第二点，叙述线索务必清晰，内容张弛有度，避免跳跃。

以我的自我介绍为例：

> 大家好，我是巨海的成杰。
>
> 我来自四川大凉山。
>
> 2008 年在汶川灾区做慈善，让我明白了自己的心愿，创办了如今的巨海集团。
>
> 走到今天已经 12 年，我坚信团结、演说和实干，会让每一个人一往无前。
>
> 祝福每一位听众，愿你们都能从课程中汲取力量，扬帆起航。

通用型自我介绍大部分情况下是很实用的，但在一些特定场景中，比如听众对演说者比较陌生的情况下，通用型介绍远不足以使演说者引起大家的关注。

这时候，我们必须学会更加深入地介绍自己。

简单来说，就是要在基本信息的基础上，勾起听众的好奇心，放大听众对自己的想象力。要做到这一点，关键在于为自己设计一个精彩的故事。

这个故事首先要是积极正面的。其次，要有明显的转折点和关节点。再次，故事要能涵盖你的过去、现在和对未来的愿景，同时不拖沓累赘。最后，故事要能牵动听众情绪，引起共鸣。

如果能在自我介绍中复制以上的文字技巧，你的演说就有了一个很好的开端。而有了好的开始，你的演说就已经成功了一半。

在巨海演说课堂，我们会一起做这样的练习：

我是谁?

我来自哪里?

我是做什么行业的?

我最大的爱好是什么?

我最大的优点、优势和资源是什么?

我的人生座右铭是什么?

我的使命宣言是什么?

例 1：

各位 / 大家好！（掌声）

非常高兴今天能够来到这个舞台，在此呢，首先要感谢 ××× 对我的支持和鼓励，希望今天我的分

享能够给大家带来不一样的收获！感谢大家！（掌声）

我是巨海，巨是巨龙腾飞的巨，海是海纳百川的海，我来自东方上海滩，热爱演讲和看书，希望有兴趣的朋友可以私底下一起交流学习。我所从事的行业是教育培训，我也因这样一个充满使命感的行业而感到骄傲和自豪！我将会秉承我的人生格言：做事精益求精，做人追求卓越，把事业和人生都经营好，给自己一个不留遗憾的人生。在此，我衷心地祝愿在座的每一位朋友都能笑口常开，身体健康，阖家幸福！希望接下来的学习大家都能够收获满满！谢谢！

下方横线部分，你可以结合自己的情况进行书写和朗诵。

____

____

例 2：

亲爱的朋友们，大家好！

相见即是缘分，彼此的相知一定是因为彼此的相识，我是巨海，很荣幸与你们相见！

我来自四川大凉山。

我从2003年开始从事教育培训行业，至今已是第18个年头了，在过去的18年里走过156个城市，巡回演说超过5200场。我从来没有因为任何事情改变过我对这份事业的热衷，带着这样一颗满怀正能量的心，坚定前行。又恰如我的座右铭所言，利众者伟业必成，一致性内外兼修。我始终坚信，正念能够利他，要把正知、正念、正言、正行、正能量的精神一直传扬下去。我梦想着有一天可以捐建101所希望小学，为此，我愿意付出我一生的时间和精力，只愿天下少一点困难，多一些温暖。

使命宣言：我成杰看到、听到、感觉到，并深深地知道，我生命的目的就是要成为一个拥有巨大影响力的人，并且要去影响、帮助和成就更多的人（重复三遍，气势由弱到强）。

下方横线部分，你可以结合自己的情况进行书写和朗诵。

____

____

附：巨海超级演说家·自我介绍方案

<table>
<tr><td rowspan="28">无懈可击的自我介绍</td><td rowspan="10">我</td><td colspan="3">我是谁</td></tr>
<tr><td colspan="3">我来自哪里</td></tr>
<tr><td colspan="3">从事什么行业</td></tr>
<tr><td colspan="3">我最大的爱好</td></tr>
<tr><td colspan="3">我最大的优点／优势／优势资源</td></tr>
<tr><td colspan="3">我是什么时候走进巨海集团课程的（结缘巨海）</td></tr>
<tr><td colspan="3">我为什么走进巨海的课堂（最打动你的方面）</td></tr>
<tr><td colspan="3">我在巨海的三大成长</td></tr>
<tr><td colspan="3">我的人生格言／座右铭／经营哲学</td></tr>
<tr><td colspan="3">我的使命宣言</td></tr>
<tr><td rowspan="12">我们</td><td rowspan="3">我们行业</td><td colspan="2">趋势</td></tr>
<tr><td colspan="2">份额</td></tr>
<tr><td colspan="2">情怀</td></tr>
<tr><td rowspan="7">我们公司简介</td><td rowspan="3">创立</td><td>过去</td></tr>
<tr><td>现在</td></tr>
<tr><td>未来</td></tr>
<tr><td rowspan="4">文化</td><td>使命</td></tr>
<tr><td>愿景</td></tr>
<tr><td>价值观</td></tr>
<tr><td>信念，经营理念，成长等</td></tr>
<tr><td colspan="3">创始人和联创合伙人的故事和爱心</td></tr>
<tr><td colspan="3">我们的产品</td></tr>
<tr><td rowspan="6">我们的产品</td><td rowspan="4">关键维度</td><td colspan="2">亮点</td></tr>
<tr><td colspan="2">特点</td></tr>
<tr><td colspan="2">卖点</td></tr>
<tr><td colspan="2">触动点</td></tr>
<tr><td rowspan="2">演绎方式</td><td colspan="2">讲定位</td></tr>
<tr><td colspan="2">讲故事</td></tr>
</table>

除了自我介绍，可以模仿以上提供的模板和内容来组织你的语言。我还给演说者提供了可以模仿和引用的金句，这些积极的文字能够帮助你发现生活的意义：

1. 大道至简，至简则美。
2. 成长永远比成功更重要。
3. 烦恼生智慧。
4. 相信我一定可以做到。
5. 行，我绝对行。
6. 爱是一切的答案。
7. 感恩是拥有的开始。
8. 接纳是化解痛苦的通天法门。
9. 学习是最好的转运方法。
10. 孝顺不能等，学习不能等。
11. 爱自己最好的方式就是学习和成长。
12. 唯行动，方出众。
13. 只要用心，就有可能。
14. 心中无敌，才能无敌于天下。
15. 如果我不行，我就一定要；如果一定要，我就一定行。

16. 在困难面前，你弱了，困难就强了；你强了，困难就弱了。

17. 人活着，就要逢山开路、遇水架桥。生活，你给我压力，我还你奇迹。

18. 让你痛苦的人，是来度你的。祝福他、接纳他、谢谢他。

19. 坐而论道，起而践行，不忘初心，普度众生。

20. 只要开始，永远不晚。

21. 相信是万能的开始。

22. 学以致用，触发行动。

23. 说到做到，相信自己可以做得更好。

24. 学习比赚钱重要。成长比成功重要。

25. 活到老，学到老，改造到老。

26. 一切都是最好的安排。

27. 老吾老以及人之老，幼吾幼以及人之幼。

28. 我是一切问题的根源。

29. 生命的价值等于帮助的多寡。

30. 人生不设限，才会精彩无限。

31. 活出生命的精彩，因为我们比自己想象的更有力量。

32. 机会是抢来的，不是等来的。

33. 改变的速度等于成功的速度。

34. 当我们认认真真地做每一件事的时候，会发现，一切其实并没有我们想象的那么困难。

35. 聪明的人会犯错误，愚蠢的人总是犯同样的错误。

36. 所谓人生，归根结底就是每一瞬间持续的积累，仅此而已。

37. 好的演说家从聆听开始。

38. 人心浮躁，静下来，智慧才能出来。

39. 坚定自己的信念，勇往直前。

40. 相信自己的决定，必定成功。

41. 战胜自己的不足，接纳别人的不足。

42. 心有多大，舞台就有多大。

43. 左手付出，右手收获；不忘初心，方得始终。

44. 向特定目标前进的人，全世界都会为你让路。

45. 生活不仅有眼前的苟且，还有巨海和远方。

46. 路曼曼其修远兮，吾将上下而求索。

47. 种什么因，得什么果。

48. 一分耕耘，一分收获。

49. 心真想，则事真成。

50. 取众人之长，才能长于众人。

复制声音：让你的演说掷地有声

听过足够多的演说，你想要复制别人掷地有声、铿锵豪迈的声音，需要从本质上把握为什么别人的声音可以呈现出那么好的效果。

对方至少做到了以下三条：

第一，他讲了自己相信的事情。相信是万能的开始，那些你内心坚信的东西，会让你的演说铿锵有力，你的声音也会更有穿透力。

第二，他讲了他自己最喜欢的内容。讲那些你喜欢的东西，你的演说才会富有感情，才会有影响力，才更容易传播出去。

第三，他讲了对他而言最有感觉的内容。感觉就是演说的

“魂”，讲那些有感觉的话，才能让你的演说通过声音触动听众的内心。

这样的声音，才一定会震撼全场。

以上是演说成功的本质。演说作为一种以声音语言为主、肢体语言为辅的思想交流和宣传工具，形式丰富多样。单纯模仿声音是很难有进步的，我们在复制别人声音的时候，还要把握演说的六种类型。也就是说，当你能够把别人的演说做个大致定位的时候，你在借鉴别人的声音表达技巧的时候，你就自然能明白你的声音要如何控制，如何刚柔切换，快慢变化。

演说的六种基本类型

第一种：“告知型”演说

这种类型的演说，主要是向听众传递某些信息，阐明相关人、事、物的某些特征或状况。告知型演说是其他各种类型演说的基础。

对这种类型的演说的训练，也是作为演说家最基本的训练。最重要的原则是吐字清楚，语速自然，语调得当。要站在听者的角度去分析，比如讲到什么样的信息时需要放慢语速才能让听众了解什么样的内容是重点，或者什么时候需要适当调高音量，强制性地抓住对方的注意力等。

第二种："说服型"演说

这种类型的演说，主要是使听众建立起新的观念，或增强他们现有的观念。在这类演说中，要借助传达的信息影响听众，使他们相信或接受某一事实和观点。

这种类型的演说，我们要学习的是如何讲故事，因为说服型演说不可能全用道理诠释观点。演说家讲故事的时候，如何自然而然地把情绪灌注到声音中，什么时候要娓娓道来，什么时候要激情洋溢，是最值得学习的亮点。

第三种："激励型"演说

这种类型的演说，要在影响听众信念的基础上，更强烈、更深刻地再现本次演说的观点、情感和信念，让听众的感情进一步强化和升华，从而得到鼓舞和激励。

这种类型的演说，通常被认为是亢奋、充满激情的，但我用自己的实战经验告诉大家，无论你多么想激励别人，你的声音表达都不可以一直高亢，这样不但你自己很累，听众也会很累，过了 10 分钟之后就没有人感兴趣了。有高有低，有强有弱，有铺垫，有低缓，你的声音才能在应该发挥力量的时候激流勇进！

第四种：“使动型”演说

这种类型的演说，是一种更高阶段的演说，主要是影响听者的行动，影响他们去做某件事，或者停止做某件事。

这种类型的演说其实充满技巧，在《TED演说的秘密：18分钟改变世界》这本书里，作者提到了一个方法。我最欣赏的一个演说就是乔·史密斯在TED上做的一次分享，内容如下：

> 如果我们能够每个人每天少用一张纸巾，就可以节约571230000磅[1]纸巾。

虽然这个世界上没有一个最佳的公式来表述你的观点，但它可以作为你构思如何对观点进行传达的绝佳句式——“去做(行动)，以至于（结果)”。

比如：

1　1磅≈0.45公斤。

如果你能坚持每周阅读一本好书（行动），你的演说词就会比其他人的更加精彩（结果）。

这个方法中蕴含了一种很好的文字技巧，我要补充的是，当我们学习这个类型的演说时，要留意作者是用什么样的声音和技巧来叙述的，他是如何用恰到好处的声音，让别人觉得一切都是自然而然和水到渠成的！

第五种："愉悦型"演说

这种类型的演说，可以融入以上各类演说中，目的在于通过穿插一些幽默风趣的内容，寓教于乐，活跃气氛，调动听众兴趣，便于他们理解、接受和行动。

这种类型的演说一定要注意，风趣幽默的同时还要控场，不成熟的演说家常常包袱还没抖，自己就先笑场了；成熟的演说家会在调动气氛的同时还能开玩笑而不伤人，其中的尺度值得分析和借鉴。

第六种："教育型"演说

这种类型的演说主要为了达到教化听众的效果。教育型演说的难点在于，在教育听众的同时又要不显得说教，关键就在于演说家用一种怎样的情绪和态度来调控声音，如何根据现场反应进行调整。同样的内容，让听众是“醒着”，还是“睡着”，完全靠演说家对声音的掌控。

总之，不同类型的演说，方法不同，效果也不同。确定好演说类型，学习适当的声音表现方式，有的放矢，将无往不利。

复制动作：练出适宜的表情和肢体语言

施瓦辛格拍过一部电影叫《背水一战》。影片中，他在一个郊外的乡村当一名边防警察，他负责训练一个喜欢玩枪的人。

后来，有一个逃犯要经过他们这里，他俩负责抓捕。

两个人之间有段对话：

“哥们儿，你好久没拿枪了，还打得准吗？”

“报告警官，肌肉记忆没那么容易忘掉。”

不仅是打枪，其实演奏乐器、表演舞蹈也是一样的，都要依靠肌肉记忆。演奏家在还没想起下一个音符的时候，手就自动地衔接上了；舞蹈家在熟悉某个舞蹈套路之后，也是靠着肌肉记忆一遍又一遍地练习、改进。

骑自行车是最典型的肌肉记忆的例子。很多学科的知识都容易被人们遗忘，但是骑自行车的方法就被肌肉记忆储存起来了，10 年后还是能用。

演说的动作也和骑自行车一样，当你学会了，练熟了，终身受益。

初学演说的人想要复制别人的动作，要先从观察开始。普通的听众只听内容，但是演说家听演说家的演说，要听门道，要复制精华。

复制肢体动作可以从以下两大方面进行观察和学习：一是复制面部表情；二是模仿肢体语言。

面部表情

美国心理学家艾伯特·梅拉比安曾通过研究提出一个理论，他指出，信息的总量 =7% 的语言表达 +38% 的声音 +55% 的面部表情。

也就是说，只有 7% 的信息是通过语言表达的，而另外的 38% 的信息是通过语音语调表达的，55% 是通过说话人的肢体语言和表情表达的。

面部表情的重要性，可见一斑。所以，我们平时在和人沟通的时候，要注意用一些积极的动作、表情等去回应对方，让彼此的交谈愉快地进行下去。

在演说中也是一样的，演说家要注意管理好自己的表情。

而在所有的面部表情中，人们最偏爱的莫过于微笑。微笑，是世界公认的通用语。

在演说中，微笑的运用很普遍，比如：介绍产品时自信的微笑；讲自己的故事时、自嘲时淡定的微笑；演说需要鼓舞别人时所发出的善意的微笑。微笑虽然简单，但有的人一站在台上就紧张得表情僵硬了，有的硬憋出的微笑就不自然。所以，如何恰到好处地微笑，也是需要练习的。

我分享三种常用的微笑练习法：

第一，对镜训练法。

这种方法主要是让你了解在听众眼中，什么样的微笑程度是适中的。因为有的人以为自己是微笑，但是在别人眼中却笑得“过度”，或者显得自信不足。

第二，最佳记录法。

正如我刚才写到的，微笑有不同的类型，所以演说家可以在展现不同内容的微笑时用手机摄录下来，反复对比，找到最佳状态。曾有一个初学演说的朋友问过我一个问题，就是他觉得自己在演说时释放的是善意，但为什么别人说他的笑是一种

“皮笑肉不笑”。我建议他在最开心的时候把自己的笑容拍下来，然后和演说时的录像进行对比，感受这个笑容和演说时被听众诟病的笑容到底有什么不同。

第三，专业微笑法。

这里并不是提倡演说家要“假笑”，而是因为演说家也是正常人，也有情绪低落或者是遇到一些人生困境的时候，但是无论如何，上台演说时，依然要露出自信的笑。这个笑容并不是虚假的，而是要学会屏蔽情绪上的干扰，投入内容本身，让你的笑容习惯成自然。练习久了，你在演说中才能游刃有余地用笑容感染听众。

肢体语言

中国有句俗话：站如松，坐如钟，行如风。站姿，最能体现一个人的风姿气度。当我们站在舞台上演说时，恰当的站姿，会给听众留下演说家精力十足、自信满满的好印象。

那么演说中，演说家通常会怎么站呢？

第一，一脚在前，一左脚在后，两脚呈 45 度夹角。

我个人的站姿一般都是如此，因为这样的站姿，很容易产生灵活的变化，而我本人的演说风格是非常愿意走近听众，时

不时与听众互动，这个站姿给听众的感受也是很放松的，从这个站姿转变为行走的姿态也不会感觉太突然。（见书后附录NO.6）

第二，两脚自然分开，与肩同宽。

这种方式是站立时最常见的姿势，也是一场演说中通常会采用时间最长的一种站姿，但是这种站姿也有一个弊端：虽然很稳，如果不配合手势，就会显得呆板。所以，演说家可借助不同手势，表达不同感情。（见书后附录 NO.6）

第三，一只脚自然站立，另一只脚向前迈出半步，两脚呈75 度夹角。

这种姿势，重心总是落在后脚上，比较单一。我个人很少用这样的姿势，但是如果演说时长超过 1 小时，演说家可以用这个方式在调整状态时使用。（见书后附录 NO.6）

复制策略：好的演说是设计出来的

好的演说，在策略上要有一整套的准备。大致过程是确定演说目标，找好演说素材，组织演说文稿，提前进行演说预讲，最后要进行演说前各种细致的准备工作。

确定演说目标

在正式演说前，确定演说目标至关重要。因为判断一场演说成功与否的重要标准，在于有没有达到预期目标。

我们可以通过思考以下三个问题，给出答案。

第一个问题：谁做演说？

演说的性质是什么？是科技宣讲，激励演说，还是娱乐演说？不同的演说目的，要求演说人的表现方式也不一样，要考虑自己是否适合这种演说的风格，如果风格不符，自己在策略上要做哪些调整和准备。

第二个问题：谁听演说？

演说家要争取为听众做一个“用户画像”。演说不是单向的输出，明确了自己为什么演说，还要知道听众的心理，通过分析和了解听众的心态，调整自己的演说内容。比如，通过分析听众群体的特征，举出一些对听众来说毫无理解障碍的案例，拉近和听众的距离，让听众接受起来更加轻松。

第三个问题：如何互动？

你要让自己和听众之间实现一种什么样的互动，让听众在最后听完演说后，采取什么样的行动。

换言之，演说家应该有一个雄伟的梦想：要使听你演说之前的那个人和听你演说后的人，不是一个人。

演说的目标不是单纯的自我表现，而是利众。如何给听众指出一条明确的改进之路和行动之路，如何用演说的氛围来影响、引导和点燃听众的情绪，这都是演说之前要考虑的。

确定演说素材

确定好演说主题和目标之后，我们要在目标的指引下搜集演说素材。

在这个环节中，最核心的问题是，我们该如何处理复杂多样的材料呢?

一般来说，我会把素材分成三类，以备撰写演说稿之用。

第一类是解释型资料。这是最基础的素材，语言以简明扼要，讲清楚概念和事实为主要特点。在解释的时候，可以用到我们前面提到的“黄金期法则”“P-R-E-P 法”和“河流沟通法”，力求用最通俗易懂的方法解构你所收集的素材。

第二类是故事型资料。我们可以搜集相关主题的案例或者故事，来证明自己的观点，并且通过鲜明的故事，抓住听众的注意力，打动他们。这一点我在前面的内容中已经重点给大家介绍过了。

第三类是数据型资料。在特定的演说中，精确的统计数据可以有效地说服听众，点燃他们的激情或者增强临场感。但注意在使用的过程中，不要大篇幅罗列烦琐的数据，同时要将数据素材现场化。

打个比方，当我们说因吸烟得肺癌者的比例比不吸烟的人高 40%，听众不会觉得触动，但如果把这个比例换算成现场人数，听众多少会有所动容，尤其是吸烟人士。

俗语云：“工欲善其事，必先利其器。”做好了演说素材的搜集和分类，就为演说稿的撰写和即兴的发挥奠定了坚实基础。

组织演说文稿内容

确定好了演说目标，搜集好了演说素材，接着我们要开始撰写演说文稿。

一篇好的演说稿，离不开有逻辑的表达。怎么做到有逻辑的表达呢？简单来说，就是通过谋篇布局，把要讲的东西按顺序排列。

常见的演说文稿顺序有三种：

第一种，时间顺序。

这是我们从小到大组织文字材料最常用的一种方法，比如写日记时，根据一天所做的事情，分别记述早、中、晚的情况。比如汇报工作，围绕起初做项目的初衷，到为项目做的准备工作，到项目中间的进展，项目遇到的问题，项目是如何解决问题的……这种方法是大部分人最常用的文稿顺序，对于演讲稿来说，同样适用。

第二种，结构顺序。

就是按照特定的结构，把各个部分组合起来。比如按照地理空间顺序，或者以“是什么”“为什么”“怎么办”的常见分析结构进行组织。

第三种，重要性的顺序。

好的演说稿的精彩程度堪比小说，但一定不是长篇小说，因为演说的时长是有一定限制的。如果不能快速吸引听众，把最重要的内容抛出来，听众很可能会中途离场，所以，要把素材按照听众的接受程度分出轻重缓急，按重要程度依次呈现。

层次清晰，重点突出，简单明了，就是一篇好的演说文稿。

提前进行预讲

从写出一篇好的演讲稿，到进行一场圆满的演说，中间还有很长的距离，反复预讲是其中重要的环节。

预讲的方法很多。

美国前总统林肯当年为了练习演说，曾经去法院听律师辩护，学习律师辩护的手势、语言、气势，还曾对着树桩或者一排排的玉米反复练习。

除了对着静物练习，还可以提前在好友那里预演。

通过反复预讲，大家可以发现自己的优点和长处，找到自己的表达欠缺和思路不连贯的地方，有针对性地加以练习，从而使演说引人入胜，扣人心弦。

长此以往，演说者就可以不断提高自己的演说水平，形成独特的演说风格，让演说更加顺畅、纯熟，实现演说能力的进阶。

演说前的准备

熟悉环境

所有最伟大的演说家，除了要具备过人的天赋，还离不开演说前尽心地准备和反复地练习。演说家可以提前到场，熟悉现场环境对于一场成功的演说至关重要。你对演说内容有多熟悉，开场时就会多自信；你对演说的环境和氛围多熟悉，你在演说时就会多自如。

一般来说，我会通过下面一些活动来与演说环境建立连接。

首先，可以提前站上讲坛，环视全场。

其次，可以完整绕场一周，从不同方位的听众视角感受舞台。

最后，要提前熟悉设备的使用，避免开场设备发生故障带来紧张和焦灼。

好的开始是成功的一半，熟悉环境能为好的开场打下坚实基础。

调整情绪

一场好的演说中，演说者的情绪状态很重要。

所有的演说者，在演说前都会紧张，只是程度有所不同。有些人紧张，但可控；有些人则紧张到失控，话都说不完整，甚至声音发颤，大脑出现空白。

适度的紧张，会让演说意外地出彩。关键在于要对紧张情绪进行调适。

有什么方法，可以帮助我们调整情绪呢？

除了我们前面说过的充分准备、积极暗示、反复预演、熟悉环境，我们还可以做下面两件小事情：

第一，深呼吸，每做一次，心绪平静一点，情绪平稳后开口讲话，传播效果立竿见影。

第二，调整自己的姿势和动作，哪怕内心紧张如雷动，我们也要抬头挺胸，双手交握，稍微挪动脚步，从而让自己更自信，渐渐消解紧张情绪。

所有这些微小的练习和改变，都会为演说的成功添砖加瓦。

总之，培养一流的公众演说能力，是通往成功的捷径。你要学会为听众设计一套有计划、有目的、有主题、有系统的语言传播方式，不打无准备之仗。

首先要有计划。凡事没有计划不要开始，没有总结不算结束。在进行公众演说的过程中，周密的计划，充分的准备，比演说本身更重要。

其次，要有清晰的目的。演说的目的是利众。目的明确，有理有据，才能让你的演说广为传播。

再次，要有明确的主题。主题就是演说的中心思想，是演说的灵魂。公众演说一定要时刻聚焦于主题，避免偏离。

最后，要有完整的系统。在公众演说中，所谓有系统，是指有逻辑、有顺序地表达出我要说的内容。让听众一听就懂，并且听懂了能够采取相应的行动。

复制信念：成功的演说家一定是“利众者”

生命是信念运作的结果。

演说家的十大信念如下：

1. 演说等于帮助。
2. 演讲就是讲故事。
3. 气场就是说服力。
4. 好的演讲是练出来的。
5. 幽默是演说的润滑剂。
6. 心像降落伞，打开才有用。
7. 1 小时的演说，10 小时的准备。
8. 真善美的演说最能打动人心。
9. 活出生命的精彩，因为我比自己想象的更有力量。

10. 我热爱演讲，我乐于分享，我就是超级演说家！

胡杨能在极恶劣的环境下，奋力把根扎向土壤深处，抵抗大漠的苦寒与风沙。人们夸赞胡杨巨大的生命力是“三个一千年”，即活着千年不死，死后千年不倒，倒后千年不朽。演说家对于演说的信念应该如同扎根在大漠的胡杨，无论现实的土壤多么贫瘠，演说家都应该坚守。

不忘经营

很多人每天忙着经营。经营企业，经营产品，经营团队，经营人心，却独独忘了，人生最重要的，是经营自己的幸福。

很多人把获得金钱视为成功，把成功等同于幸福。却不知道，成功只是一个过程，幸福才是最终的目的。生命的幸福在于用心经营。

什么才是用心经营呢？

用心经营是认真、踏实、负责任、有激情地做人做事；是体谅、包容；是沟通、理解；是支持、信任。

只有用心经营，家庭才会和睦，事业才会成功，你的生活才会幸福。

成功是人生旅途中要追寻的，幸福是生命最终的归宿。

我认识很多演说家，他们虽然经历了很多坎坷，但因为热爱演说，并践行了以上十大信念，他们才能在传播正能量的同时，让自己也成了不忘梦想、不忘感恩、以苦为乐的幸福的人。

不忘梦想

生命的伟大在于心中有梦。

马云曾有一句名言："梦想是一定要有的，万一实现了呢？"被广为流传。

新东方创始人俞敏洪，在一次演说中说道："一块砖没有什么用，一堆砖也没有什么用，如果你心中没有一个造房子的梦想，拥有天下所有的砖头，也是一堆废物。"

下面这段话，我想分享给所有学习演说的人，也可以此作为朗诵素材：

> 梦想为我们的人生指明了方向，而演说正是帮助我们实现梦想的桥梁。
>
> 在这个世界上，唯一可以不劳而获的是贫穷；
>
> 在这个世界上，唯一可以无中生有的是梦想。

有梦的人生是起航，无梦的人生则是流浪。

梦想不分贵贱，人人皆可有梦。
它是逆境中帮你扬帆起航的水手，
是低谷中帮你保持斗志的号角，
是险境中帮你逃出生天的利剑。
为梦想而奋斗，生命成就伟大，人生成就辉煌！

不忘感恩

生命在于时时感恩。人生在世，需要处理好各种各样的关系：人与人的关系，人与物的关系，人与自己的关系。

在这里我想告诉大家的是，所有关系的背后，起支撑作用的是情感，而情感的核心，在于感恩。

《积极心理学》杂志主编罗伯特·埃蒙斯认为："感恩是内心对当下生活的惊喜、知足和欣赏。"感恩是人类情感中，最重要的组成部分之一。

在生活中，单有感恩之心还不够，我们还要懂得表达。

美国加州大学心理学教授索尼娅·柳博米尔斯基在她的著作《幸福多了40%》中，把"表达感恩之情"，列在"十二项幸福行动"之首，足见把感恩之情表达出来的重要性。

通过演说，表达感恩，传递感恩，引导听众以感恩的心态对待生活，会让人们在这个疾速前进的社会中，多一点温情，多一份幸福。

以苦为乐

爱迪生，先后用了 6000 多种材料，试验了 7000 多次，才发明了电灯，并建立起举世闻名的爱迪生实验室。

一代烟草大王褚时健，几经起落，74 岁时，承包荒山二次创业种植“褚橙”，85 岁成为一代“中国橙王”。

《孟子·告子下》中有言：“故天将降大任于是人也，必先苦其心志，劳其筋骨，饿其体肤，空乏其身，行拂乱其所为，所以动心忍性，曾益其所不能。”

在追求梦想的路上，每个人都不可避免地会遇到困难、挫折和挑战。只有那些在苦难中，悟出了生命的无常，把握每一个当下的人，才会在困难中涅槃重生，终有所成。

人生在世，苦难相随，欢喜相伴，皆为常事。

了悟苦难，方能得快乐，历经苦难，方能得幸福。

演说家心法

在此，我也分享一些演说家必备的“心法”，希望能够让你拥有坚韧的信念，坚信自己作为演说者的价值；希望你能真正践行自己的理想，担负起自己作为演说者的责任。

· 舞台是抢来的，机会是抢来的。

· 只要有上台的机会，就要敢于上台。

· 上台就能突破，上台就能成长，上台就会有深深的体验，上台就会自我超越。

· 台上讲一次，胜过台下讲十次。

· 我一想到演讲就兴奋无比，我一站到台上就魅力四射。

· 学而不练，10 年不变。边学、边练、边实践。

· 当我学会公众演说，我的人生就会不可思议，我的未来会势不可当。

· 公众演说就是讲我相信的，
公众演说就是讲我喜欢的，
公众演说就是讲我有感觉的，
公众演说就是讲对听众有帮助的。

· 演讲最大的忌讳，就是讲自己都不相信的内容。

- 我说什么，我就会成为什么；
  我做什么，我就会成为什么。
- 做，是为了让自己更有资本地去说；
  说，是为了让自己可以去做得更好。
- 做自己所说，说自己所做。
- 只说不做，别人不会相信你；
  只做不说，你就没有更大的影响力。

- 机会是吸引来的，
  当我够好的时候，
  我就会有强大的吸引力。
- 无论做什么事情，一定要有极致的思维。

- 喜欢才会有感情，
  喜欢才会有感觉。
- 演说之魂在于感觉，
  有感觉地讲话，讲有感觉的话。
- 有感觉，才有感情；
  有感觉，才有杀伤力。

- 演讲讲废话，

  就是在浪费听众的生命，就是在谋财害命。
- 演讲等于帮助。
- 我的出现就是为了普度众生。
- 演讲就是送礼物。
- 演讲就是先演后讲，边演边讲。

06

第六章

能力变现：
用直播演说连接世界

在“人人都是主播”的当下，如何让自己的直播更有价值呢？

直播，其实就是以网络为载体的演说。在这一章，我将手把手地为你分享一套直播的“万能打法”。

你不妨将这些技巧用起来，在直播中去尝试，去实践，去提高。假以时日，你也能成为一名受欢迎的主播。

提高演说能力，抓住直播风口

很多人都知道短视频、直播的风口来了，大家匆匆做直播，但是很多人做的效果并不好。有朋友邀请我做直播，结果我第一次从线下转战到线上进行直播时，效果就意外地好，无论是书籍带货还是课程销售都超出了我们的计划和预期。

我没有进行过多营销，却有了不错的直播成果，也还算成功。所以，很多同行就请教我直播应该怎么说怎么做。在此，我想将自己的经验分享给你，也希望你能够掌握直播的技巧，在直播中展示自己的价值，传递正向的理念。

直播不等于没有计划和准备

直播从硬件设备上来说很简单，有一部手机就够了，但是从软件上来说，得有一整套打法。

直播的演说依然是有计划的，任何事情想要开始一定要有计划。没有计划就不要开始，为直播演说做准备比直播本身更重要。拿我自己来说，我直播的主题是如何演说，这对我来说是一个非常简单的题目，看似不用准备我也可以连续讲 6 小时。

但是我在公司开会讨论，确认主题后，在认真备课前，我还和助理进行了细致的沟通，积极听取大家的建议。

不论是线下演说，还是直播演说，对一个演说家来说，毫无准备的演讲，就无异于在裸体示众。这是对听众极不负责任的。

想要做好 1 小时的直播演说，需要有 10 小时的准备。准备得越充分，你就越自信。越自信、越充分，发挥得就越自然。

利众演说，用行动触发行动

我在上面已经讲了直播要有计划和准备，那么我是怎么计划我所做的直播的呢？我是一名演说家，演说家演说的目的就是要利众——无论线上线下，我都会反复强调这一点，这是我作为演说家的核心目标。

即使直播销售课程也是如此，我销售课程不是为了赚多少钱，而是让我们的课程给更多人带来积极的帮助。

在直播带货之前，我规划了自己的选品和价格。我销售的线上课程，在线下的课程费用是 30000 元，但我在线上销售时单价不过百，送的书和学习卡更是物超所值。所以，无论卖的是课程还是书，以我直播当天的价格，销量再高，也没有多少利润。

很多人都问我这样廉价销售课程的目的是什么，为什么要做不赚钱的演说呢？

我们要让客户知道我们的课程和书都是有干货的，能对大家有帮助，只有这样，未来我们开线下课时，大家才会对我们有认知度和认可度。

因为已经有学员通过听线上课，有了线上体验，建立了对我们的信任感，那么线下的课程，顺其自然就会开得更好。比如，我们原来线下活动经常是在 100 人的场地举办，但经过直播演说后，我们线下活动可以达到 1000 人、2000 人、5000 人……甚至是万人的规模。

所有的这一切，最终的目标都是对听众有帮助，对顾客有价值。

丰富的形象 + 丰富的故事

有时候我看到直播主播，不论面对几个人，都能眉飞色舞地演说，我认为非常好！但同时，人的注意力太容易分散了，想把一个观众留在直播间 10 分钟，或是 1 小时、3 小时都是不容易的。

我自己用的方法就是使用丰富的形象、丰富的故事。

我的每一场直播，服装选取方面都会讲究和主题的匹配。直播的时候，主播出现在听众面前，形象很重要。就跟线下演说一样，听众永远不会给我们第二次机会来建立第一印象。

形象永远走在成功的前面。我策划我之前出版的一本书《日精进》的直播，就提前进行了大量细致的规划。比如，我将直播分为了九大篇章，九个主题，用九个不一样的形象呈现给大家。

每一个篇章，我会穿不同的服装来演说。讲经营管理，我会穿正式的衬衣；讲人生智慧，我会选择中式服装；讲心得体会时，我会选择有时尚感的衣服……

分享故事的时候，要选择有“杀伤力”的故事来“留人”。直播演说的时候，如果主播一开口就说别人的段子，背书上的故事，讲陈旧的典故……演说效果会是苍白的。你没有经历和体验过，你讲出来是没有力量的，这样的主播我认为可以称为“复述者”或者“转述人”，而不是演说者。直播演说，要讲自己亲身经历的事情，才能出类拔萃，才能触动人心。

所以，演说家的演说稿绝不是闭门造车的产物。要想有精彩的故事和人生就要尽情地去经历和体验，经历越多，体验越多，就会越有能量，越有内在。人生要持续不断地创造属于自己的故事。当你的经历丰富了，你所体验到的人生跟别人不一样，你一开口就会是精彩的故事。

我在直播的时候讲到我的一本书拍卖到 111 万，这对于听众来说是极为震惊的，听众就会被吸引住。

实际上我是为了这 111 万元吗？不是的，钱不是目的。这笔钱，我个人和巨海都没有留下，而是用作了捐助社会的善款。那为什么要做这件事呢？我是为了创造故事！

这个故事是我在直播前发生的，但是为我的直播带来了惊喜。这也让我深深地体会到，用心去经历丰富人生的人，每 1 分钟都是在为演说做准备。

故事是演讲的灵魂。那怎么亲自打造出一个属于你自己的好故事呢？

最简单的方法就是先思考这个问题：未来的一年，我要创造什么样的故事？创造什么样的故事，才能震撼行业，吸引听者？

人们之所以记住你，之所以把你的事迹当作佳话，非常重要的核心，是因为你是一个有故事的人。我们要创造什么样的故事，才能奠定我们在行业中的江湖地位，这个非常重要。

如果完成了以上的准备，主播就可以上直播，去把自己的情感、思想分享出来，表达出来。通过分享表达、沟通说服，最终达到影响对方，影响听众的目的。

直播互动的一套万能打法

演说家在线下与听众的互动，是以面对面的形式来进行的。在面对面的接触方式中，一般来说，很少会有人在听你演说的中途站起来打断，或者是有一些过于直接和冒犯的话语。

但是网络直播，突然发生的小插曲就比较多。直播中，我们到底该怎么和听众形成良性互动的模式？出现意见不同的情况，或者是出现“挑战者”的时候，又该如何应对呢？

用真诚打底子

即便是网络直播，我们也依然要相信，“真”是一切沟通和演说的关键。我常常提出，我们大人要向孩子学习，我就经常向我的孩子学习，孩子身上最大的特点就是真。网络直播也是如此，要对自己说的话负责，才无愧于演说家的本色，因为在真实和真情实感面前，所有的方法和技巧都会显得苍白无力。

真善美的演说最能打动人心。

我们做直播，要牢记核心——不是为了炫耀自己，我们的目的是要为来到直播间的所有人服务的。我们心里始终要想的是，我们说出来的故事和思想，能不能对别人有启发有帮助，而不是夸耀自己多么有才华，当我们的演说是发自内心地想为对方好的时候，对方就一定能够感受得到。

反之，如果一个人在直播间里说了很多，只是为了炫耀自己，不断地抖机灵，那不好意思，听众慢慢就走光了。

一个主播要牢记自己的责任：我存在的意义就是对你有价值、有帮助。演说家就是如此，只要开口就对别人有帮助。

当然主播在介绍自己的时候，也不妨更加轻松和幽默一些。比如，我在直播介绍自己的时候，就会和大家开个玩笑，我说："大家好，我是成杰，我的梦想是未来邀请两个人与我一起演说，我的左边是成龙大哥，右边是李连杰老师。"这个很幽默的开场，既能够马上帮助大家记住我的名字，同时也真实地表达了我以演说为天职，介绍自己的时候也要带出自己的理想。

在介绍自己家乡的时候，也要采取幽默一点的方式。比如我告诉大家我的老家在哪里，就会用幽默的方式点出我的成长背景，可以这样说："我从小生活的环境非常艰苦，30年前，如果老鼠到我们家转一圈，都会含着眼泪悲伤地离开……我来自四川大凉山的山沟沟的山沟沟的山沟沟的山沟沟的山脚下。"

把小插曲变成亮点

我做直播整体会保持说话的流程。我第一次做直播时，当时设备有点小问题，我的助理在调试设备，我当时就给助理点播了几句。

但是我始终知道，手机的镜头是打开着的，我直播间的听众的时间是值钱的，我不能让时间白白溜走，我就和年轻人之间开了一个半真半假的小玩笑："很多人，觉得老板就是指挥别人工作的人，实际上，老板对工作也是非常上心的，就拿我来说，除了老板这个身份以外，我还有另外的一个身份，我是我助理的助理。我经常和他们说，如果我做你的助理，一定是一个合格的好助理。"

后来有企业家朋友反馈我，这段话太有共鸣感了，还有年轻人告诉我，这段话听起来真有意思。

一句小小的玩笑，就顺利地把插曲变成了这场直播的小亮点，还营造了一个轻松的氛围，能够让我和听众愉快而轻松地聊天。

在直播时，也会遇到一些听众对我提出质疑，我把他们比作“挑战者”。如何与这些挑战者进行互动呢？这不仅需要你练就强大的心理素质，更需要你掌握一定的斡旋技巧。

有一次做直播的时候，有一个听众问我如何才能跟我学演讲。我想到这一定是不少人的共同需求，于是开始给听众介绍我的课程安排，以及接下来的直播学习内容是如何安排的。另外，我还给大家推荐了一些学习演说的书籍和资料，并介绍了购买方式。

这个问题一定是一部分听众非常想了解的，但同时，马上就有另外一种声音出现在互动评论里：“我很不喜欢有这么多的广告。”

作为主播，遇到这样的质疑一定不要失态，我们要能看到每个人的牢骚背后都有他自己的需求。当时，我立即回应了这个问题，表面上是回应这个有挑战性的问题，实际上我回应的是背后的诉求。

我说：“有人说广告有点多啊，不好意思哈，这个广告还是很重要的，如果没有广告，怎么能帮到更多的人呢？你看，再好的电视剧有没有广告啊？电影有没有广告？有广告。进电影院还要先看广告再看电影呢，是吧？如果没有广告，商业就没有办法活了。我最喜欢看的不是电影，不是电视剧，我个人最喜欢看的是广告。为什么？因为看广告可以学到很多本事，别人花几百万、几千万拍的广告一定会有很多值得学习的地方。要学会看广告哈。我们生活在这个时代，要学会推销自己，大家都学一下怎么做广告，主要学的是，如何让别人爱上你的广告，这非常重要……”

你的热情会传染

讲话是会上瘾的，主播不要担心播出的时长问题，我个人的感受是说话是会上瘾的，我们要把越说越兴奋的状态传达给直播间里的听众。

你除了保持内容的含金量，还要保持自己的兴奋感。

在一次直播的时候，我的儿子忽然出现在镜头面前。面对这样的情况，我们也要灵活地应对，所以我让儿子给大家背了一小段《道德经》。

后来，他好像喜欢上演说了，对说话这件事非常感兴趣。第二次，他主动来了一段英语介绍。这就是说，直播是有一条看不见的线在连接着主播和听众，一个小孩子都能在这种不能见面，但能高频互动的直播方式里感受到快乐。

所以，直播要有热情和快乐，而不能当作一项工作任务来

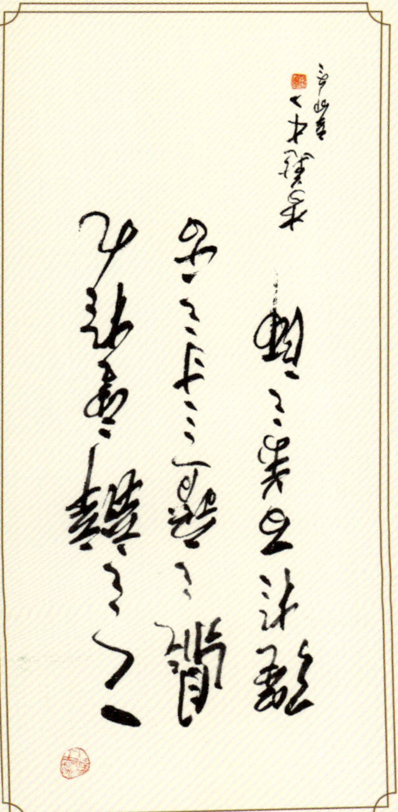

掌控演说

才能有效地提升个人影响力

成杰

CHENG JIE

巨海董事长

上海巨海成杰公益基金会发起人

扫一扫，与成杰老师
一起在巨海商学院成长

完成。

我有一次开玩笑问："大家是否希望我继续讲下去？"

大家都很热情。我就告诉大家，如果让我讲，我可以一直播到第二天凌晨1点都不会有问题。当然，我们没有必要这么操作，因为学习是一个需要持续的事情，我们后面还有连续三期的直播课程。

当时，我虽然没有真的在直播间里和所有听众去做一整晚的演说，但是听众们感受到了我愿意陪伴的热情。当时"为爱成交"课程的销量，就达到了一个高峰！

关于直播演说，还有很多新的尝试，主播可以边摸索边创造，只要用心，假以时日，一定能够实现熟能生巧的好效果。

销售演说：如何实现“为爱成交”

曾经有人跟我说：“成杰老师，我的梦想不是成为演说家，我很热爱我的工作。”

我问他：“你的工作是什么？”

他告诉我，他是一名销售员，但是业绩一直不理想。之后他带着期待的语气问：“请问学习演说能否对我的销售业绩有所提高？”

这个答案当然是毋庸置疑的。实际上，一名好的演说家一定是一名好销售，因为把自己的思想装进别人的大脑中，这本身就是一种销售行为。

很多销售人员都在线下学习我的演说课程，我也得到了大家非常积极的反馈。后来我发现，在绘制用户画像时，我的学员所从事的行业比例中，销售人员的比例开始越来越高，大家的需求也越来越高。

有一天，巨海的一名老师对我说："成杰老师，我们能不能单独为销售人士开一门演说课？"我觉得时机成熟了，就做了调研、研发、策划、试验，最终形成了一门为销售演说服务的课程，课程的核心就叫"为爱成交"。

如果一名销售人员面对客户演说产品性能时，或是推介产品时，抑或是在整个销售过程中的控单、签单时，能够领会"为爱成交"的核心，那么，他会发现，自己的工作开始变得轻松了，自己的收入开始增加了，自己的能力、境界、心量也都提高了。

我们为什么要"为爱成交"？我们设想一个场景，当一名销售人员发现客户的账户上有 1 万元钱，他的动机是想办法把客户账上的这 1 万元钱转移到自己的账户上时，成交难度一定会增加很多。

但是如果一名销售人员发现客户的账户上有 1 万元钱，他相信通过自己的产品，可以将客户账上的钱变成 10 万元，而在成就客户的过程中，客户会给自己支付产品的费用。怀着这样的自信，他再沟通的时候，就会发现"谈钱不伤感情"。

所以，好的销售和好的演说家都是为他所服务的对象服务的，都是要通过成就他人来成就自己。要牢记一条原则——只有顾客好，你才可以变得更好。

在提升销售演说能力方面，也有很多如出一辙的方法，我给大家讲过，如果想要提升演说的能力，就要进行大量的演说练习。同样，要想提升销售演说的能力，也要进行大量的销售演说练习。

如何进行这种训练和练习呢?

不但要努力销售，而且要随时随地地进行销售演说。见到人你就要进行销售演说，把销售演说变成你每天必须要做的事情，就像吃饭、喝水一样日常和自然。

这样做呈现的结果是什么?大家说，发现销售演说就像呼吸般简单。

此外还要进行成交训练。一名销售如果不能把自己的产品卖出去，那就是浪费客户的时间，时间等于生命。所以，销售如果不能把自己的产品卖给别人，无异于谋财害命。

对我自己来说，我做了大量的免费直播，把我真正认同的真知灼见贡献给听众，但同时我并没有忘记成交。我知道我所销售的思想、观念、方法，是巨海课程研发团队的心血，所以我也要在直播中，去推动和完成成交。

甚至有一次直播的时候，我敢直接和听众说：“今天大家听我讲了 3 小时，我们今天还有超值的课程在同步销售，我们还有图书产品帮助大家巩固知识，我们线下课程的价格很高，但今天，你可以花最少的钱，在最短时间内听我演说。用一瓶矿泉水的钱，就把智慧带回家。如果大家还想听我讲，可以购买课程，我就继续把课延时讲下去。”

因为我知道我们的课程超值，也一定能给听众带来帮助，所以，我敢这么说。而且这句话得到了非常有效的回应——大家纷纷订购课程。

我还可以大大方方地在直播的时候号召听众把自己的亲朋好友带到我的直播间一起学习：

> 分享传承智慧。也就是说一个人把自己的所学所感所悟不断地去分享，那么这个人就会变得更有智慧。如果你听到我的直播对你有所帮助，你一定要去分享。我希望更多的人来，来的人越多，我的直播做得越好，讲的就会越多。我们的直播是有思想、有智慧、有正能量的，我敢保证，对你来说、对你的朋友来说都会有巨大的帮助。时间过得很快，打游戏，一天很快会过去；学习，一天也很快会过去。但是不同的是，一天一天地过去，下一次，两个生活内容完全

不同的人见面，一个人一定大大提升了自己，而另一个人却是一塌糊涂。我希望大家和自己的好朋友一起和我学习，把握好每一天、每一小时来成长自己，让我们一起成为前者。

只有心中有爱，“为爱成交”的人，才敢把收钱变成一种习惯，才敢让更多的人一起见证他的成功。当然，如果一个人能做到把收钱变成一种习惯，结果是什么呢？想穷都穷不了。

我一开直播，就有人付钱；我一讲产品，就有人埋单。这就是“为爱成交”的魔力，也是学好销售演说的效果。

爱一旦增加，一切即将改变；爱没有增加，一切都是枉然。

用爱销售，用爱演讲，能给你带来直接的改变就是销售额的提高。另外，对于销售来说，再好的销售人员也不如一支优秀的销售队伍。

销售队伍的打造，同样也需要你的演说能力。

所以，用爱成交，不单可以把你的产品卖得更好，还可以吸引顶尖人才，打造一支顶尖的销售队伍。

马云如果不会公众演说，他怎么可能打动亚洲首富孙正义投资？马云不是一个人在战斗，他有优秀的团队。

雷军学习乔布斯就变成了“雷布斯”，小米运营8年就在香港上市，9年就进入世界500强，为什么小米能这么火？产品一上市，雷军就开新闻发布会做演讲。雷军也有一支能打仗的队伍。

所以，把握销售演说的本质，成就“为爱成交”的境界，不但可以让你的产品狂销热卖，还可以吸引顶尖人才，打造伟大的团队。

我自己也是“为爱成交”的受益者，每一次演说，每一次直播，我都告诉自己，一定要给别人带来帮助。

演说结束之后，我一定能看到满意的成交量。更让我惊喜的是，每一次我都会遇到我最喜欢听众问的一类问题：“成杰老师，你的培训课在哪里报名？我要去你那里学习。”“成杰老师，你的公司在哪里，我想去上班。”“成杰老师，您的公司什么时候招聘销售人员，我想投入教育培训事业！”

可以这样说，巨海的人才济济，都是我用演说吸引来的，也是我用爱吸引来的！

当你带着利众的想法去销售你的产品，就能真正达到“为爱成交”的目的。

成为更有价值的演说家

我要如何做才能让自己更值钱？给大家 30 秒钟的时间思考一下这个问题。

每个人都应该思考这样的问题。因为当你更值钱的时候，赚钱是一件很容易的事情。

要相信我是独一无二的，我是昂贵的。要日夜思考这样的问题，才能有这个问题的答案。

从我的角度来说，展开回答这个问题，能写出一本书的厚度，如果我们简单地规划一条路径，我分享给大家的是，要让自己增值、让自己拥有有价值的思维、让自己遇到有价值的人。

让自己增值，就要学会创造价值的方法：

第一，演说家可以提高自己单位时间所能创造的价值。

每个演说家的时间都是宝贵的，但为什么有的人一开口价值千金，还有的人一开口听众都跑光了？这就是要学习演说的本质，想要达到好的效果，可以学习这本书所讲的五步演说法：一大相信、两大关键、三大要素、四重境界、五大复制。

第二，演说家可以降低自己的边际成本。

比如我做直播，从线下转移到线上就是一个很好的方法。我在抖音的平台直播，一个人面对千人、万人演说，就比线下活动的成本小得多。

我们要学会利用互联网上的工具，利用直播演说的结果就是我能够用最快的时间提前影响更多的人，用最快的速度去帮助人。

当我用最短的时间，最快的速度帮助到更多人的时候，结果是什么？

我的影响力就会越来越大，当我的影响力越来越大的时候——我会不会变得更值钱？财富会不会变多？一定会！

当然，无论是哪一种方式，能给别人提供优质的内容才是最重要的。

为了实现以上这两点，前期也是需要投资的，你要想尽一切办法让自己成为一个经得起传播和放大的人。

我曾经联系了世界级的演说大师与巨海合作，这当然是需要投入的。世界级的销售大师汤姆·霍普金斯，他在27岁的时候，就已成为亿万富翁。实现了财务自由的他，原本可以退休了，但是，他想给自己的人生创造新的价值，于是，他把自己的经验和知识转化成一场场的演说，用演说的方式来创造新的契机，成就了自己的新的事业。

巨海愿意投入精力与这样的老师合作，就是想激励我们公司的每一个伙伴，只要不停止进步，我们的人生就不设限。

而当一个人舍得为自己投资，去学习、去体验、去尝试、去练习、去实践的时候，你的能量和气场可以无穷大。这时候，所有人一定会被你吸引，因为任何人都愿意被有智慧、有胸怀、有格局、有境界、有追求、有担当、有慈悲之心的人所影响。

让自己拥有价值思维、让自己遇到有价值的人，这两条我想合并到一起讲，因为你拥有有价值的思维方式，才能遇到有价值的人。

我分享我个人的方法：每一次我出门，最少带两个大箱子。一个箱子放行李，另一个箱子里一定要有书和笔记本。每次到机场，我必买杂志和图书，有时候，从飞机上下来的时候，我已经看完了七八本杂志。

很多人要说："成杰老师，你看书真快。"我要告诉大家的是，现在高速发展的社会，一定要学会正确的学习方法，有的杂志就是你获取资讯的一种手段。资讯很发达的时代，读书方式要和以前完全不同。

我会买各种杂志，比如《商界》《中国企业家》《商业周刊》《时尚芭莎》，这当然不代表说我所有的书都要认真看完。阅读也是有一定技巧的，需要你在有限的时间内筛选、提炼出自己所需要的信息。有的内容你要一带而过，有的内容则需要你认真研读。一般来说，从飞机上下来的时候，我就能将手上所有的杂志看完，也就不必带到酒店了。

在买书这件事上，不要心疼钱，穷人往往用时间和空间换取金钱，而富人用金钱换取了时间和空间。

我给大家举个真实的例子。

2019 年 4 月，我从上海飞成都演讲，上飞机之后，我看到一个老人家，感觉特别熟悉，他头发都花白了，但是很精神。我越看越觉得好像在哪里见过他。

大约过了 2 分钟，空姐过来服务说："季先生，请问您想喝点什么茶水？"

空姐一说，我立即想起了这位老先生是谁——他是中国著名酒业的一位资深前辈。

为什么我认识他，别人都没有认出他？

因为我在杂志上看见过他。我完全没有想到，这位前辈就坐在我的右手边。

从那一刻我就开始在飞机上跟他聊天，一路聊了两个半小时，一直从上飞机，聊到在成都下飞机。

下飞机之后，我得到了他的手机号码。更重要的是，在这飞机上的两个半小时中，我向他请教了他是如何把一家濒临倒闭、破产的小酒厂变成了举世瞩目的企业的。

我当时就拍了张合影，把感想发了朋友圈。马上就有企业家朋友说："成杰老师，你今天这张头等舱的票买得太值了。"

还有人说，希望我把老先生的思想在下一次演说课程中分享一下。

这是我的真实经历，也是一次经验。以前，我去全国各地演说，在坐飞机的过程中，我经常见到一些平时见不到的人。

关于这个例子，我想给读者分享的重要核心是什么？就是富人用金钱换取时间和空间。

2019 年 3 月和 9 月，我去了两次日本访学。日本虽然国土面积很小，但是拥有超过 20000 家的百年企业，还有 7 家企业超过了千年。

当时，我带着企业家去日本访问我非常敬仰的稻盛和夫所创办的企业京瓷。我们参访团在参访的过程中，有人就给我们讲京瓷的一些故事。其中有一个故事很有意思，对我启发很大。

京瓷大约在 20 世纪 70 年代研发出一款产品，进行产品创新的是一个美国的年轻人，那个美国的年轻人手执美玉，却无人问津。

为什么呢？因为这个年轻人并不富有，他周围自然也没有太多富有的人。可悲的人生往往是：当一个人贫穷的时候，他身边的朋友，他所认识的人都是穷人。

年轻人想把自己的产品推销给富人，要找有钱人来投资自己，他一定要去有钱人的地方找有钱人。

这个美国的年轻人就做了一个动作，就是每天带着他的产品计划书去买头等舱的机票——他买头等舱的机票钱都是找朋友借的，都是贷款的！

他买头等舱的机票去坐飞机，目的不是要去哪里，而是要在飞机上认识坐头等舱的人。

在一次偶然的机会中，这个美国的年轻人遇到了稻盛和夫先生，他就开始给他讲起了他的产品，讲起了他的商业计划。

稻盛和夫先生刚好也正想要一款新的产品进入市场。两个人一拍即合，稻盛和夫先生就投资了这个年轻人的产品。在京瓷的投资之下，产品很快进入了市场。不到 2 年，那款产品在市场上狂销热卖，而那个年轻人再也不是当初的自己。

这就是富人思维。

天底下，一切东西都不是你的，但是，你可以让一切为你所用。我们今天要喝牛奶，难道你还非要自己去养头奶牛吗？还得自己种草吗？当然不需要。

要让你的金钱为你服务，让你的人生更有价值——不只是演说家，所有人都应该如此！

附录

NO.1

演说手势示范图——掌式

切掌

切掌

推掌

推掌

推掌

翻掌

翻掌

翻掌

NO.2

演说手势示范图——爪式

爪式

爪式

爪式

NO.3
演说手势示范图——指式

指式

指式

NO.4

演说手势示范图——拳式

拳式

NO.5

演说手势示范图——自由式

自由式

自由式

自由式

NO.6

演说站姿示范图

两脚自然分开，与肩同宽

一脚在前，一脚在后，两脚呈 45 度夹角

一只脚自然站立，另一只脚向前迈出半步，两脚呈 75 度夹角